프랑켄슈타인 주니어 박사의

만화 인체 해부학

감수 가천의대 해부학교실 정구보

Globooks KOONJA

프랑켄슈타인 주니어 박사의

만화인체해부학

첫째판 인쇄 | 2014년 9월 25일
첫째판 발행 | 2014년 9월 30일

글 쓴 이 미래창조창작과
그 린 이 군자해부학연구소
감 수 정구보
발 행 인 장주연
편집디자인 오선아
표지디자인 전선아
펴 낸 곳 글로북스
등 록 제 406-2013-000109호(2013. 10. 24)
주 소 경기도 파주시 한빛로 70
전 화 (02) 762-9197 팩스 (02) 764-0209

ISBN 978-89-6278-924-9

정가 12,000원

감수의 글

'프랑켄슈타인 주니어 박사의 만화인체해부학'은 사람 몸의 구조에 대해 궁금증을 갖고 있는 사람이라면 어린이부터 어른까지 누구나 책의 한 부분만 읽더라도 이해하는 데 어려움이 없도록 쉽게 쓰여진 만화책입니다.

프랑켄슈타인 박사의 아들과 그 조수인 이고르가 인조인간을 보다 완벽하게 만들어가는 과정을 통해 사람 몸을 구성하고 있는 계통과 장기에 대한 특징과 중요성을 재미있는 대화 형식으로 설명하고 있으므로 특히 의학도를 꿈꾸는 어린이나 중고등학생이라면 더욱 재미있게 읽을 수 있을 것이라 생각됩니다. 무엇보다 그림과 대화 속에 나오는 내용들이 다분히 흥미를 유발하면서도 의학적으로 정확하게 그려지고 기술되었기 때문에 보건의료계통을 전공하는 대학생들이나 의과대학에 진학하려는 학생들이 보더라도 의학용어 사용에 오해나 오류가 없도록 노력한 부분이 눈에 띕니다.

어려운 의학전문서적을 읽기 전에 사람 몸에 대한 기초지식이 궁금한 사람이라면 누구나 먼저 읽어보도록 권할 수 있는 책이라고 생각합니다.

가천대학교 의학전문대학원 해부학교수 정구보

차 례

제 1 장
해부학이란?

부르셨습니까.
이고르, 자네 해부학에 대해 좀 알고 있나?
....
나의 아버지께서는 해부학에 정통한 분이셨지...
독일의 잉골스타트 대학시절 부터 이미 해부학에 열광하셨다네.
세계 최초로 인조인간을 만드신 것도 바로 그 때였어.
프랑켄슈타인 가문의 천재성이 여실히 드러나는 걸작이었지.

자네도 봤으면 감탄을 금치 못했을거야.
네... 그런데 부친께서 외모를 너무 끔찍하게 만드시는 바람에 복수하려고 했었지요.
아직도 못 잡았어... 혹시 보면 말해주게.
아직도 공포에 떨고 계시는군요...
공... 공포는 무슨. 난 그저 아버지의 작품을 보고싶을 뿐이야...
사람 살려!!!
전에 한번 저택에 왔을 때 놀라서 기절할 뻔 하셨잖아요.
내가 언제! 자꾸 쓸데없는 얘기 하지 말고 해부학 얘기나 해봐!

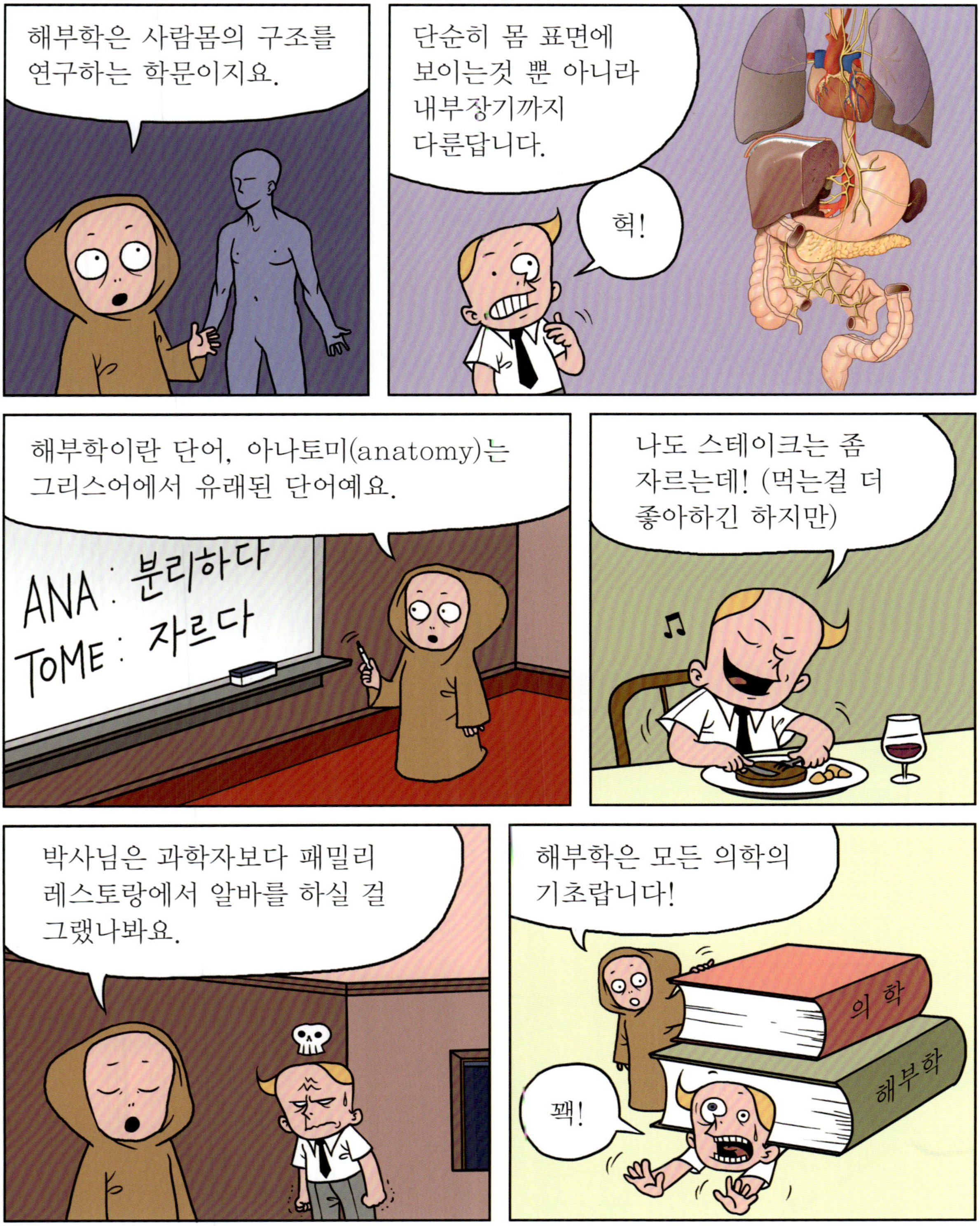
해부학은 사람몸의 구조를 연구하는 학문이지요.
단순히 몸 표면에 보이는것 뿐 아니라 내부장기까지 다룬답니다.
헉!
해부학이란 단어, 아나토미(anatomy)는 그리스어에서 유래된 단어예요.
ANA : 분리하다
TOME : 자르다
나도 스테이크는 좀 자르는데! (먹는걸 더 좋아하긴 하지만)
박사님은 과학자보다 패밀리 레스토랑에서 알바를 하실 걸 그랬나봐요.
해부학은 모든 의학의 기초랍니다!
의학
해부학
꽥!

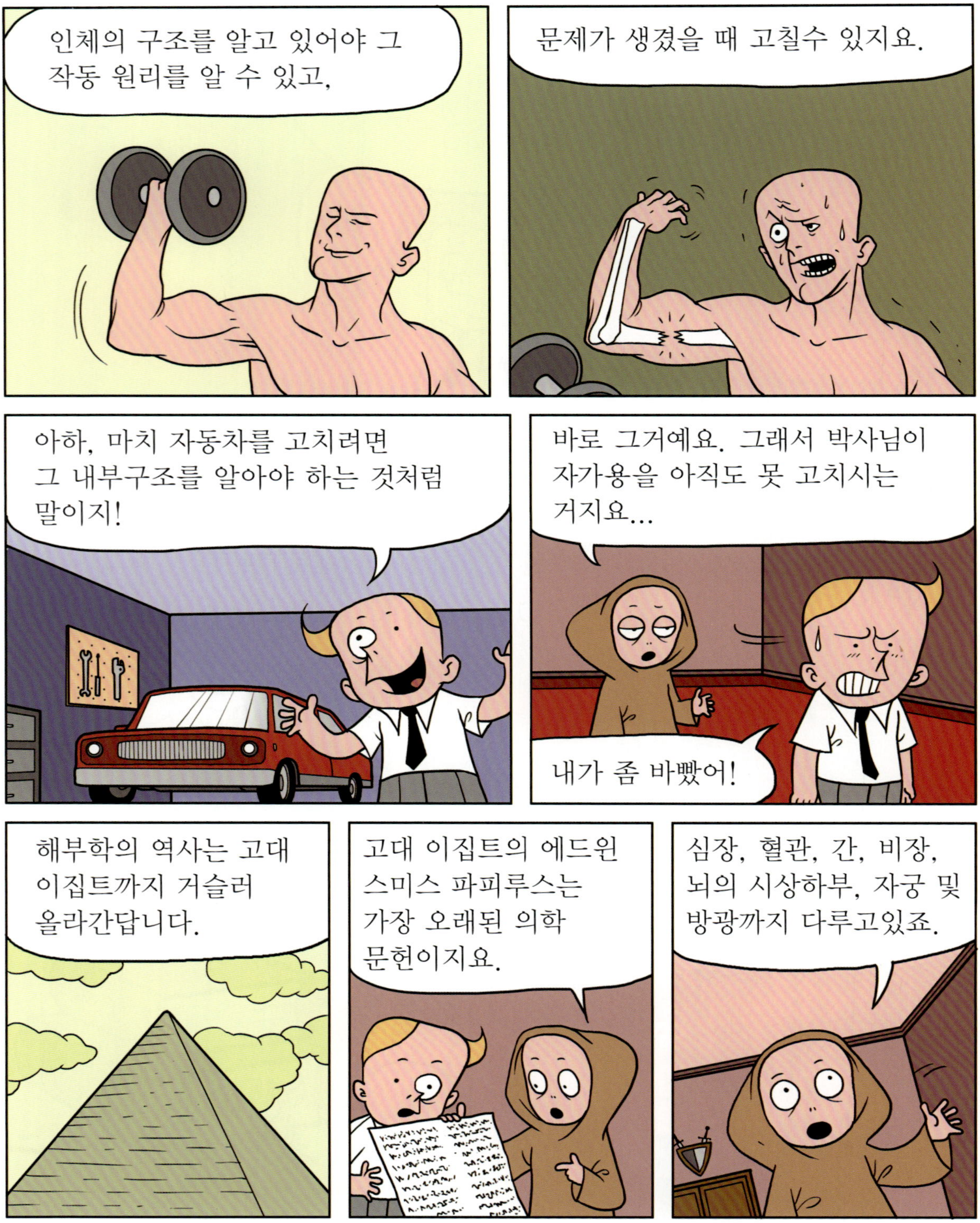
인체의 구조를 알고 있어야 그 작동 원리를 알 수 있고,
문제가 생겼을 때 고칠수 있지요.
아하, 마치 자동차를 고치려면 그 내부구조를 알아야 하는 것처럼 말이지!
바로 그거예요. 그래서 박사님이 자가용을 아직도 못 고치시는 거지요...
내가 좀 바빴어!
해부학의 역사는 고대 이집트까지 거슬러 올라간답니다.
고대 이집트의 에드윈 스미스 파피루스는 가장 오래된 의학 문헌이지요.
심장, 혈관, 간, 비장, 뇌의 시상하부, 자궁 및 방광까지 다루고있죠.

또 다른 이집트 문헌인 에비스 파피루스는 이미 심장을 혈액 공급의 중심장기로 설명하고 있어요.
개를 신으로 모시던 미개인들 치곤 상당하군…
뭐야? 이 조그만 인간이!
아마 지금 박사님 수준 보다도 높지 않았을까요…
하하!
그리스의 아리스토텔레스는 4세기에 동물해부를 통해 경험에 의거한 해부학을 발달 시켰지요.
또한 헤로필로스는 역사상 최초로 인체해부를 하였죠.
에라시스트라투스는 범죄자들을 산채로 해부하기도 했었지…

그런 끔찍한 얘긴 안하셔도 돼요...
고대 해부학에서 가장 중요한 인물은 바로 갈레누스예요. 그의 저서는 이후 1500년간 해부학 교과서의 기본이 되었답니다.
여러 동물을 해부해서 쓴 거라네.
끔찍하기도 해라...
하지만 동물과 사람이 같을리가 없지, 자네와 내가 격이 다른 것 처럼.
박사님과 달라서 천만 다행이죠...
사실 갈레누스의 책은 잘못된 점이 많았어요.
그래서 16세기 베살리우스가 갈레누스가 틀렸다고 주장했답니다.
갈레누스의 책은 틀렸다!

베살리우스는 사형된 죄수들을 해부하면서 연구했어요.
베살리우스의 저서 "사람 몸의 구조에 대하여"는 해부학 역사에 남을 명작이지요.
역시 진리를 탐구하고자 하는 열정은 위대해!
열정이 지나치면 이상한 방향으로 흐르기도 하지요. 꼭 누굴 얘기하는 건 아니지만요…
실제로 19세기에는 말이죠…
무덤에서 시체를 훔쳐다가 해부용으로 팔기도 했답니다.
빨리 파!
좀 도와줘 봐라!
19세기에 살지 않은게 천만 다행이군!
네…

현대에 살고 있는 것에 고마워 할 이유는 더 있어요.
진화생물학과 분자생물학의 도움으로 인체에 대한 보다 많은 이해가 가능하죠.
MRI같은 영상의학의 발달 역시 해부학 발전에 큰 도움이 되었답니다.
그런 모든 지식이 모여서 예술의 경지에 이른 것이 바로 나야!
착각 하나는 정말 예술입니다, 박사님.
어쨌든 예술 얘기가 나왔으니 말인데, 해부학은 예술분야에도 매우 중요해요.
인체를 그리는 데 인체 구조를 알면 비례가 더 정확하니까요.
레오나르도 다 빈치가 대표적인 예지요.
내가 진짜 천재지, 자네 말고.

그의 작품 비트루비안 맨은 인체의 완벽한 황금 비율을 잘 보여주고 있죠.
완벽한 비율하니까 하는 말인데, 내가 그린 그림을 보여주고 싶군, 이고르.
어디에 뒀더라…
어째 별로 보고싶지 않은데요…
자! 이거야 말로 완벽한 인체를 보여주는 그림 아닌가?
이게 인체를 아는 사람이 그린 거란 말인가요??
너무 놀라지 말라구! 나의 천재성은 무한하다네!
……

제 2 장
인체의 설계도

그런데 해부학 얘기는 왜 꺼내셨나요?
내 인생 최고의 업적이 될 연구를 계획 중이기 때문이네.
박사님 인생 최고의 업적이요?
후후...
바로 인조인간을 창조해 내는거야!!
아버지께서 하셨 듯, 나도 인조인간을 만들거야!
그런 괴물을 하나 더 만드시려구요?!

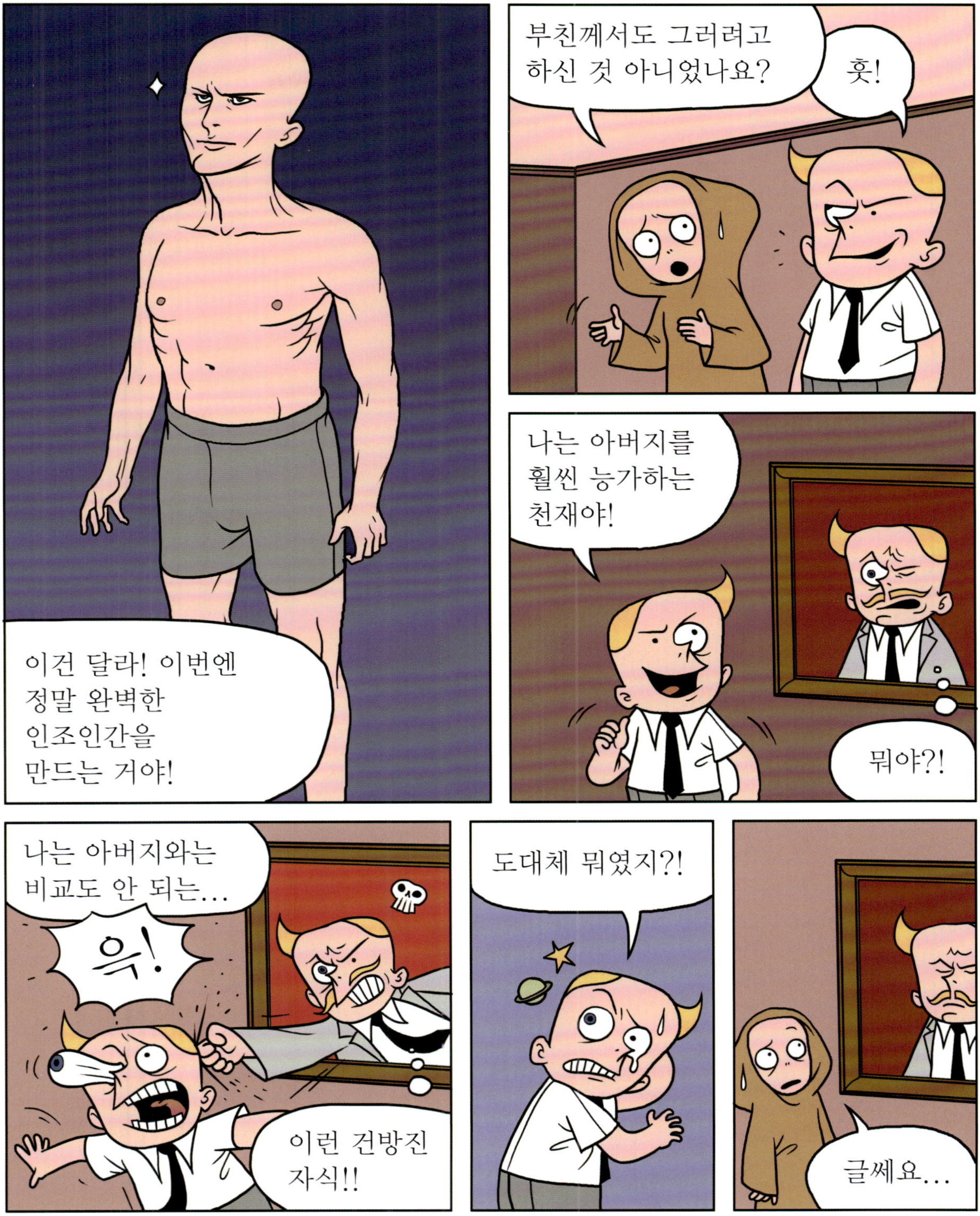
이건 달라! 이번엔
정말 완벽한
인조인간을
만드는 거야!
부친께서도 그러려고
하신 것 아니었나요?
훗!
나는 아버지를
훨씬 능가하는
천재야!
뭐야?!
나는 아버지와는
비교도 안 되는…
윽!
이런 건방진
자식!!
도대체 뭐였지?!
글쎄요…

…아무튼
연구실로 가지.
삑!
짠! 어때,
내 새로 단장한
연구실!
자, 이제 진짜 연구를
시작해 볼까?
저…그전에 해부학의 기초에 대해
살펴보고 가는게 좋지 않을까요?

흠…하긴 기초를 알아야 설계도부터 만들겠지?
바로 그거예요! 해부학은 인체의 설계도를 만드는 학문이지요.
박사님이 저번에 분해해신 토스터기처럼 설계도가 없으면 다시 조립할 수 없지요!
차도 그렇고 토스터기까지… 대체 어떻게 하실거예요?
내가 좀 바빴다고 했잖아!!
아침마다 식빵도 못 구워 먹으니 원…
후라이팬에 구워 먹음 되잖아!!
아무튼 해부학의 기초니 세포부터 살펴봐요..
우리몸에는 무려 200가지가 넘는 세포들이 있답니다.
물론 누구같은 단세포 인간도 있지만요…

우리가 사는
사회에는 다양한
직업이 있지요.
의사
변호사
백수
(자칭 과학자)
뭐야?!
세포도 역시
하는 일에 따라
종류가 다르지요.
근육세포
뼈세포
암세포
왜 자꾸 날봐?!
그리고 이런 세포들이
모여서 조직을
이룬답니다.
조직?
그런 조직
말구요....
세포란 무서운
놈들이구나....
조직을 이루다니!

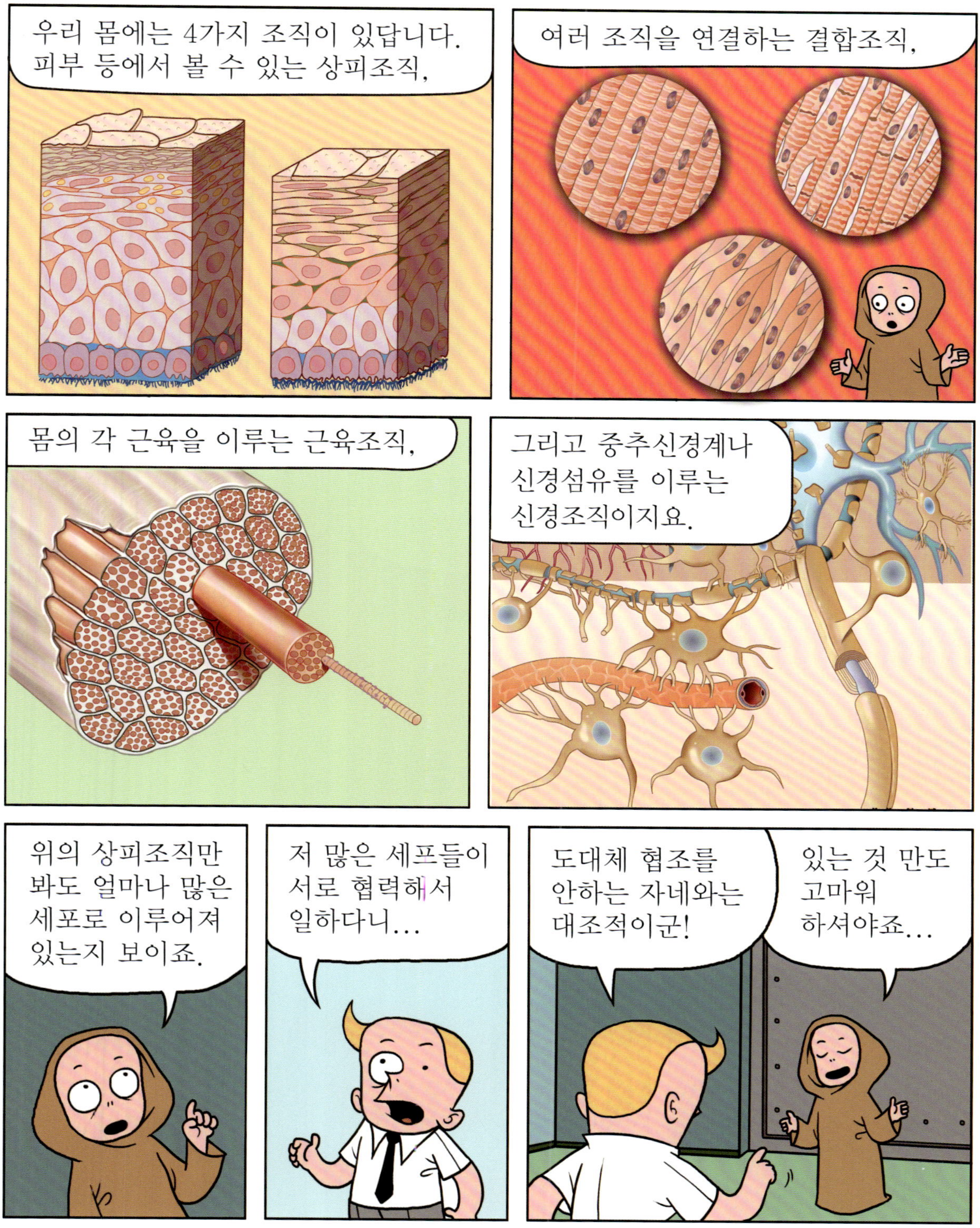
우리 몸에는 4가지 조직이 있답니다. 피부 등에서 볼 수 있는 상피조직,
여러 조직을 연결하는 결합조직,
몸의 각 근육을 이루는 근육조직,
그리고 중추신경계나 신경섬유를 이루는 신경조직이지요.
위의 상피조직만 봐도 얼마나 많은 세포로 이루어져 있는지 보이죠.
저 많은 세프들이 서로 협력해서 일하다니…
도대체 협조를 안하는 자네와는 대조적이군!
있는 것 만도 고마워 하셔야죠…

아무튼 조직들이 모여서 허파, 심장 등의 장기를 만든답니다.
예를 들어 심장은 힘차게 뛰어 피를 공급해야 하므로 많은 근육조직으로 이루어져 있어요.
그래서 나도 대학시절 별명이 미스터 심장이었지, 워낙 근육질이었으니까 말야!
그것 참 믿기 힘든 사실인데요…
몸안에서 비슷한 일을 하는 장기들을 모아서 계통이라고 불러요.
예를 들면 소화계통은 음식물의 소화를 담당하는데요,
간, 췌장, 쓸개, 창자 등으로 이루어져 있죠.
아, 그러니까 계통마다 우리몸에서 담당하는 분야가 다른 거로군?

네, 이런 계통들이 모여 하나의 완전한 신체를 이루는 거예요.
따라서 우리 몸에 이상이 생기면,
어느 계통이 문제인 것인지,
더 나아가 어느 장기의 문제인지도 알 수 있답니다.
그래서 해부학이 의학의 기초라 불리는 것이죠.
흠, 그럼 이제 연구를 시작할 준비가 된건가?
아직이요… 해부학 용어에 대해서도 살펴 보기로 해요.
대체 언제까지 기다려야 하지? 난 빨리 시작하고 싶다구!
완벽한 인조인간을 만드려면 해부학부터 완벽히 알아야죠…

제 3 장
인체 각 부위의 명칭

일단 인체 부위의 정확한 명칭부터 알아볼까요?
잠깐… 그런거라면 여기 좋은 게 있지!
짠! 바로 해부학용 인체 모형이지! 이걸 보면서 하나씩 명칭을 짚어 나가면 쉽겠지?
좋긴 한데… 그런데 이거 어디서 많이 본 것 같네요.
이거 저번에 해부학 전시회 갔을 때 봤던 거 잖아요?
꽤나 비쌌는데… 이거 설마 사신거예요?
그..그야…
제 월급도 밀리시면서…
이건 연구용이라구!!

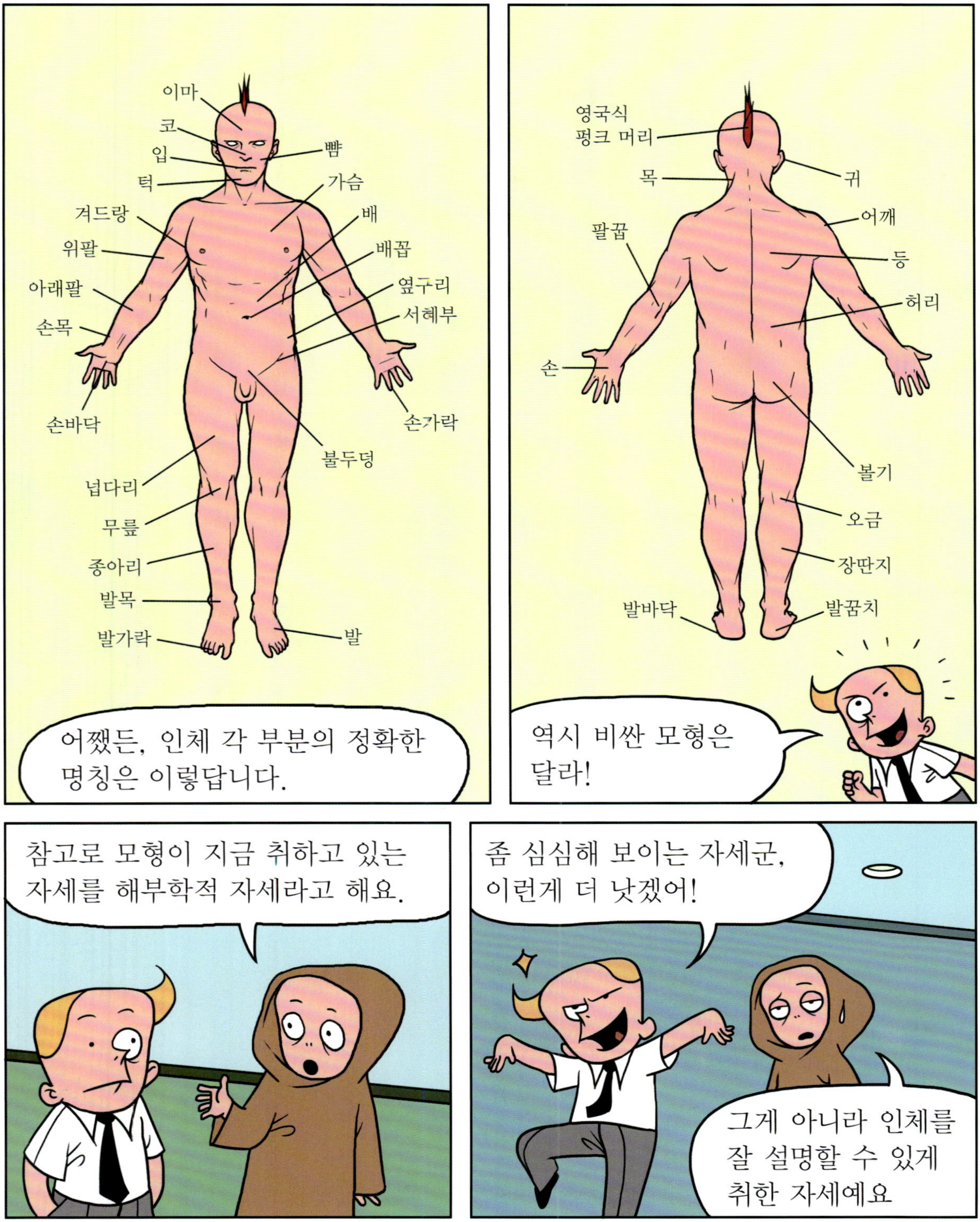
이마
코
입
턱
뺨
가슴
겨드랑
배
위팔
배꼽
아래팔
옆구리
손목
서혜부
손바닥
손가락
불두덩
넙다리
무릎
종아리
발목
발가락
발
어쨌든, 인체 각 부분의 정확한 명칭은 이렇답니다.
영국식 펑크 머리
목
귀
팔꿉
어깨
등
허리
손
볼기
오금
장딴지
발바닥
발꿈치
역시 비싼 모형은 달라!
참고로 모형이 지금 취하고 있는 자세를 해부학적 자세라고 해요.
좀 심심해 보이는 자세군, 이런게 더 낫겠어!
그게 아니라 인체를 잘 설명할 수 있게 취한 자세예요

이제 해부학적 관점에서 인체를 설명하는 법에 대해 알아봐요.
이 때는 보통 3개의 면 중 하나를 기준으로 잡는답니다.
비싼 모형도 아낄겸 박사님의 몸을 예로들어 살펴 볼까요?
엥?
몸을 왼쪽, 오른쪽으로 나누는 면은 시상면이라고 해요!
이렇게 앞, 뒤로 나누는 건 관상면!
그리고 위 아래로 나누는 면은 가로면이죠!
...자네 나한테 무슨 감정있나?
알기 쉽게 설명한 것 뿐이에요.

꼭 이렇게 값비싼 모형이 해부학 공부에 필요한 건 아니에요.
특히 박사님처럼 제 월급도 밀리는 경우라면 더욱 그렇지요…
역시…!
우리 몸을 직접 살펴보는 것도 큰 도움이 된답니다.
어디에 뼈가 있고, 어떻게 움직이는지도 알 수 있지요.
또한 개구리같은 작은 생물도 연구에 좋아요.
직접 해부를 해 볼 수도 있고,
해부가 끝난 뒤엔 뼈 표본도 만들 수 있어요.
물론이지!

해부가 끝난 개구리에서 내장과 피부를 제거하고 뼈를 추린 뒤,
세제를 푼 물에 뼈를 삶아주면
깨끗히 뼈만 발라 낼 수 있지!
과산화수소에 말린 뼈를 넣었다 다시 말려주면 표백이 된답니다.
H_2O_2
뼈들을 햇빛에 말린뒤 서로 맞춰서 접착해 주면 뼈 표본이 완성되는 거야!
박사님이 만든 누렇게 뜬 표본들과는 대조적이지요!
뭐야?!
그렇다면 자네가 내 표본을 다 표백시켜 놓도록!
일단 밀린 월급부터 주세요.
너도 표본으로 만들어 버린다!

제 4 장
뼈대계통

자, 이제 그럼 본격적으로 인조인간을 만들어 볼까?
설마 부친께서 하신 예전 방식대로 만드실 건가요?
무슨 소리! 요즘은 디지털 시대야! 컴퓨터로 만든다구!
컴퓨터로요..?
내가 개발한 이 인체합성기를 쓰면 간단히 인조인간을 만들수 있지!
현대과학과 내 천재성이 만나면 놀랍지 않나?
어쩨 두려움이 앞서는데요...

일단 한번 보라구!
인체합성기가 얼마나
금방 인조인간을
만들어 내는지 말야!
꾹!
시작!
부글
부글
앗!
손이랑 얼굴이
보여요!
잘 되고 있어...
잘 되고 있다구!

아버지를
능가하는
나의 걸작!
자, 한번 깨워 볼까?
철컥!
파지지직

제발…
성공이다!
팟!
물을 빼자!
꾹!

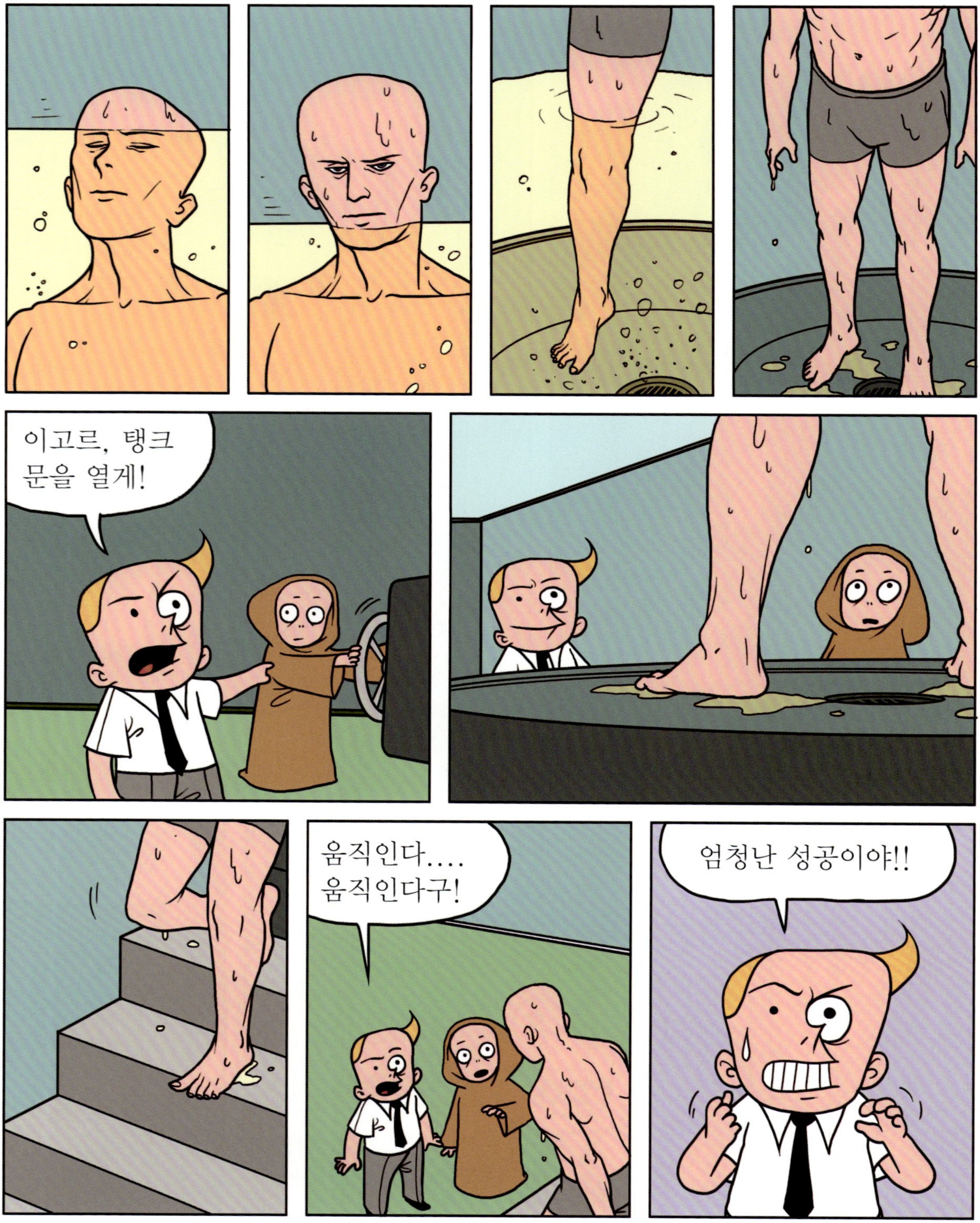
이고르, 탱크
문을 열게!
움직인다....
움직인다구!
엄청난 성공이야!!

철퍼덕
아니?!!
어떻게 된거야?
왜 일어나질
못하는 거지?!
도대체 뭐가 잘 못된 거야??!
허우적
몸이 엄청 물컹해요...
이래선 일어설 수 없겠어요!
박사님...설마....

...뼈대를 안 만드신 거예요?
무슨 소리! 분, 분명히 만들었는데?
그런데 뼈가 전혀 안 만져져요.
대체 어떤 뼈대를 만드신 거예요?
그야...몸이 가볍도록 속이 비게 만들었지.
또 딱딱하면 부러질 수 있으니 말랑하게 만들었다구!
그러니 뼈대가 약해서 몸을 지탱할 수 없었던 거예요!
...이...이런 말도 안되는 실수를!!
으아아아아아아!!!

잠시후...
이제 좀 진정이 되셨어요?
그 실패작은 치워 버렸나?
그게...어떻게 할지 몰라서 일단 거실에 있으라고 했는데요...
잘했군. 고쳐줄 때까지 거기서 쉬라고 해.
어떻게 내가 이런 실수를 했지?
뼈대가 튼튼하지 않으면 몸을 지탱할 수 없는 거예요.
건물로 치자면 뼈대는 철근 구조물과 같아요.

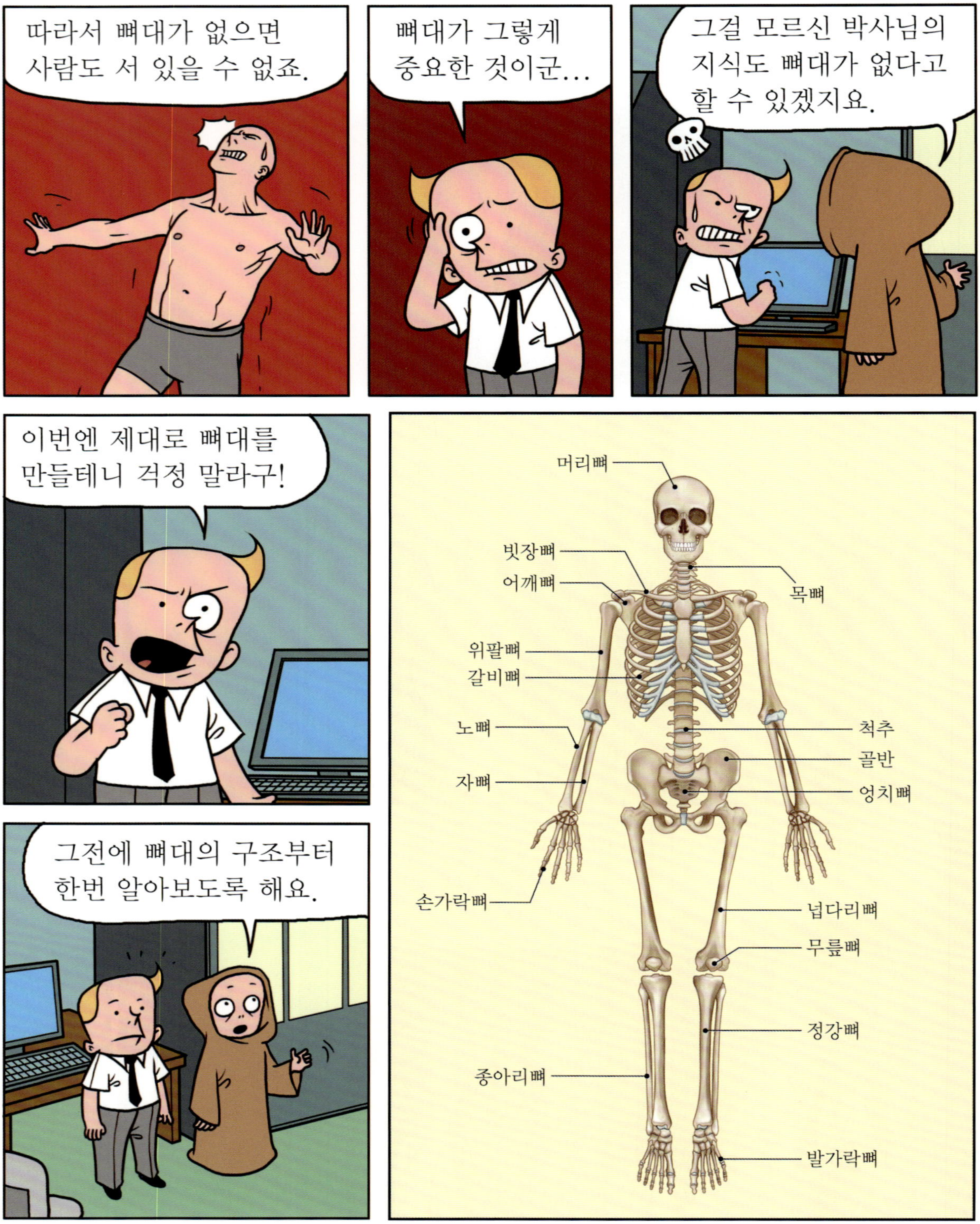
따라서 뼈대가 없으면 사람도 서 있을 수 없죠.
뼈대가 그렇게 중요한 것이군…
그걸 모르신 박사님의 지식도 뼈대가 없다고 할 수 있겠지요.
이번엔 제대로 뼈대를 만들테니 걱정 말라구!
그전에 뼈대의 구조부터 한번 알아보도록 해요.
머리뼈
빗장뼈
어깨뼈
목뼈
위팔뼈
갈비뼈
노뼈
척추
골반
자뼈
엉치뼈
손가락뼈
넙다리뼈
무릎뼈
정강뼈
종아리뼈
발가락뼈

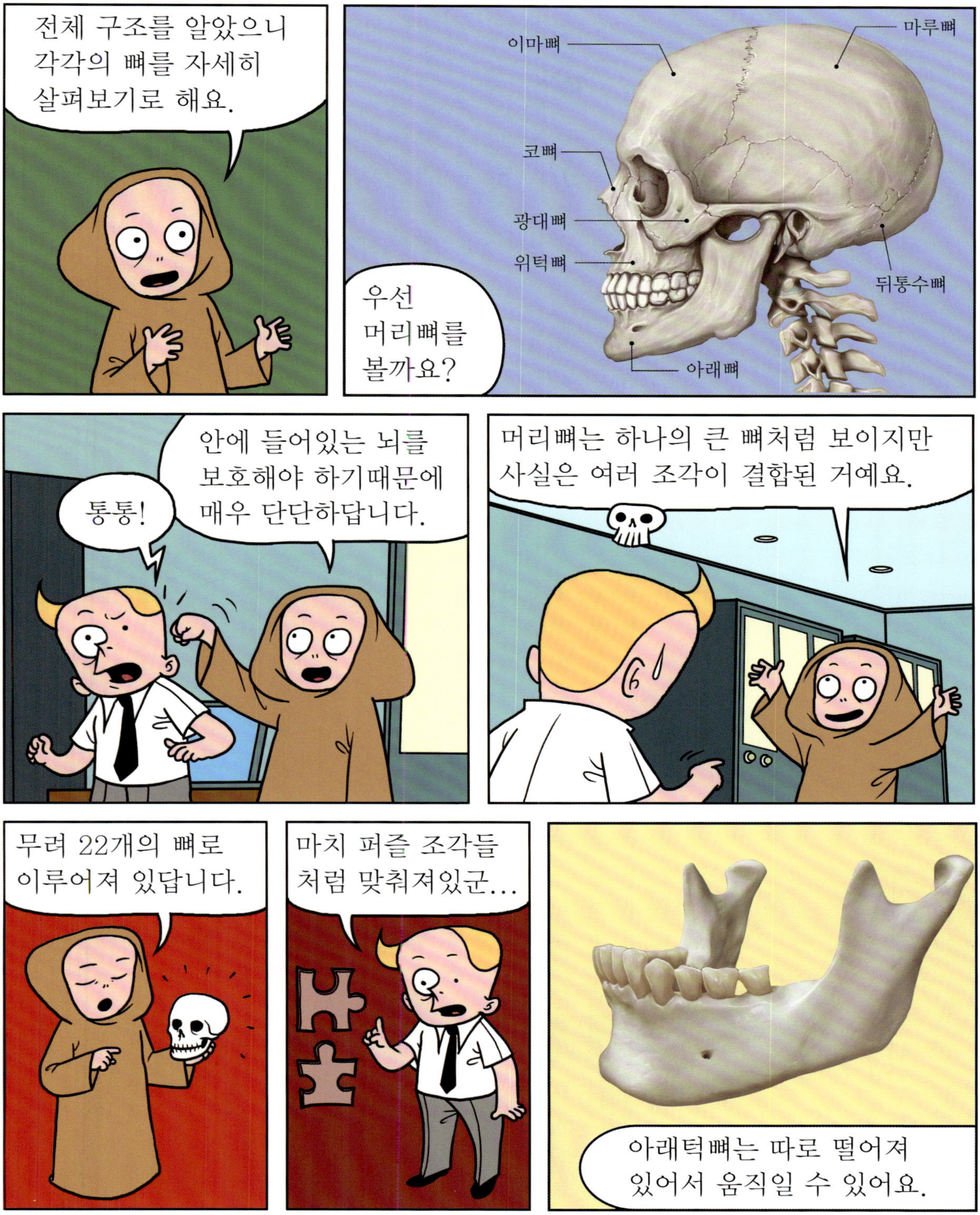
전체 구조를 알았으니 각각의 뼈를 자세히 살펴보기로 해요.
이마뼈
마루뼈
코뼈
광대뼈
위턱뼈
뒤통수뼈
아래뼈
우선 머리뼈를 볼까요?
통통!
안에 들어있는 뇌를 보호해야 하기때문에 매우 단단하답니다.
머리뼈는 하나의 큰 뼈처럼 보이지만 사실은 여러 조각이 결합된 거예요.
무려 22개의 뼈로 이루어져 있답니다.
마치 퍼즐 조각들처럼 맞춰져있군...
아래턱뼈는 따로 떨어져 있어서 움직일 수 있어요.

참고로 하품을 너무 크게 하면 턱이 빠질 수도 있어요.
박사님도 대학시절 수업중 하품하다 턱이 빠지셨었죠?
뭐야??? 내가 언제?!
학생신문에 다 실렸던데요 뭘…
프랑켄슈타인 주니어 수업중 턱 빠지다!
해골이 무섭게 보이는 이유중 하나는 눈이 없어서 인데요,
여기 해골의 눈 구멍이 바로 눈알이 들어가는 곳이랍니다.
눈알이 있으면 더 무서울 것 같은데…
자, 그럼 머리와 연결된 목뼈를 따라 척주를 내려가며 살펴 보기로 해요.

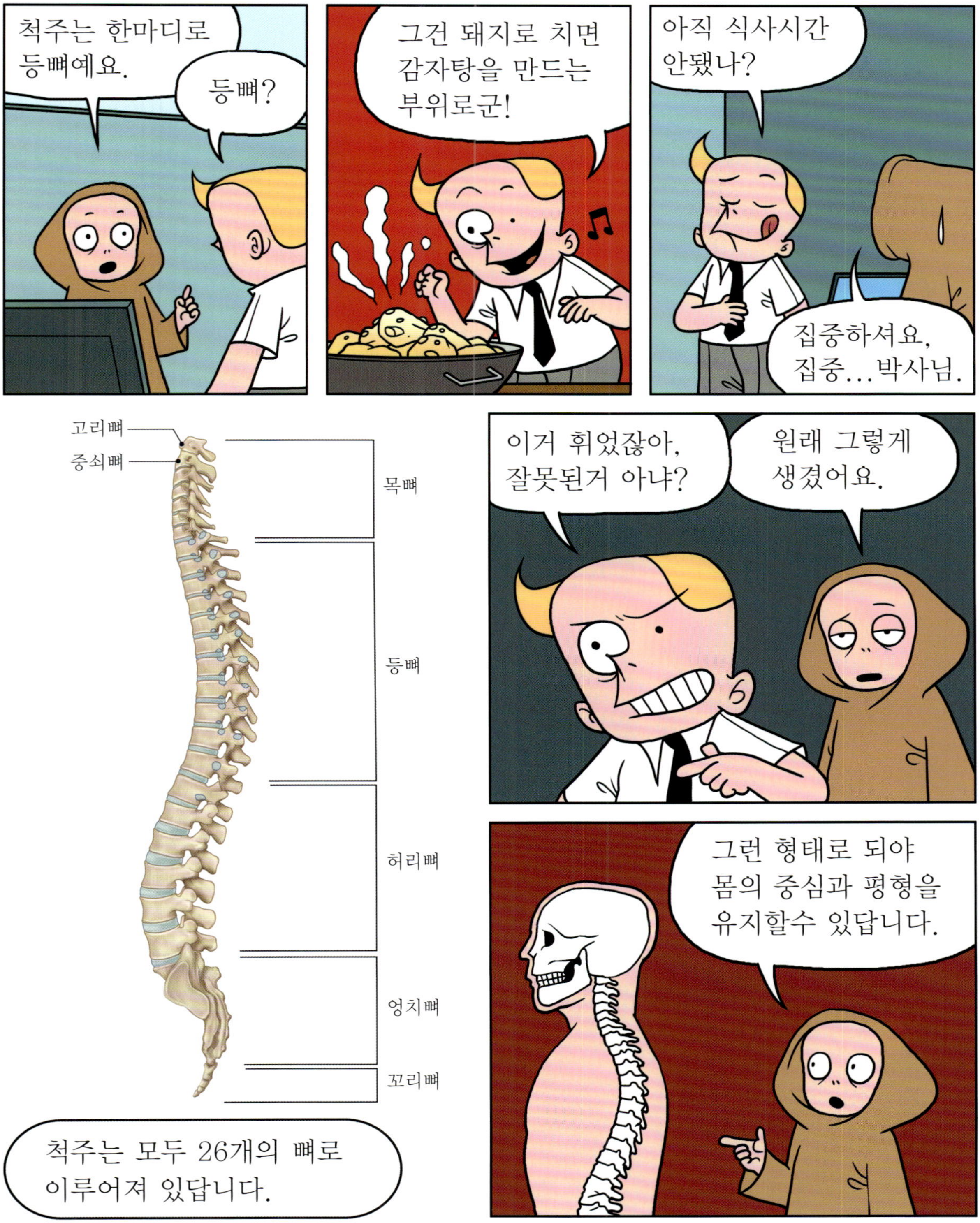
척주는 한마디로 등뼈예요.
등뼈?
그건 돼지로 치면 감자탕을 만드는 부위로군!
아직 식사시간 안됐나?
집중하셔요, 집중... 박사님.
고리뼈
중쇠뼈
목뼈
등뼈
허리뼈
엉치뼈
꼬리뼈
척주는 모두 26개의 뼈로 이루어져 있답니다.
이거 휘었잖아, 잘못된거 아냐?
원래 그렇게 생겼어요.
그런 형태로 되야 몸의 중심과 평형을 유지할수 있답니다.

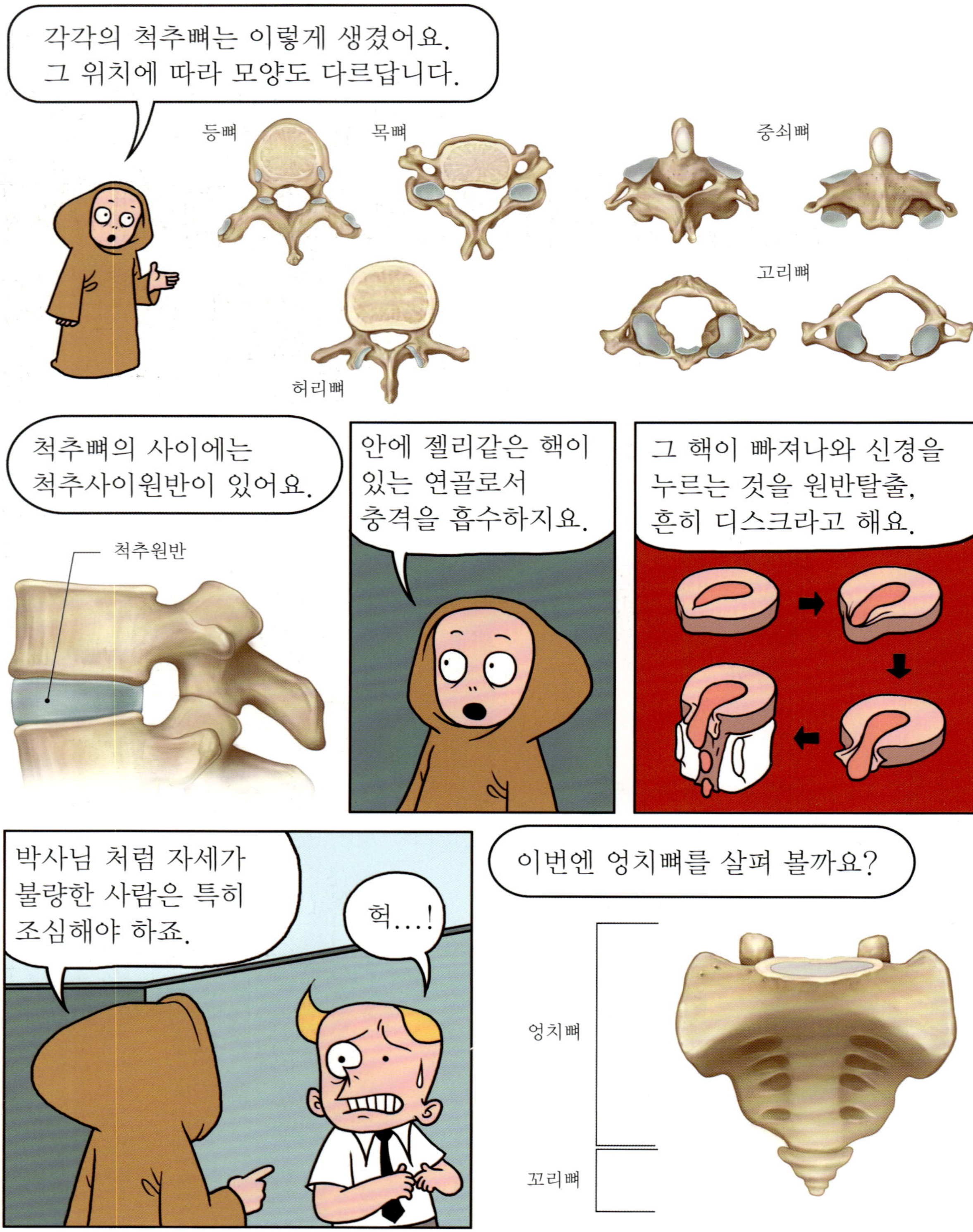
각각의 척추뼈는 이렇게 생겼어요.
그 위치에 따라 모양도 다르답니다.
등뼈
목뼈
중쇠뼈
고리뼈
허리뼈
척추뼈의 사이에는
척추사이원반이 있어요.
척추원반
안에 젤리같은 핵이
있는 연골로서
충격을 흡수하지요.
그 핵이 빠져나와 신경을
누르는 것을 원반탈출,
흔히 디스크라고 해요.
박사님 처럼 자세가
불량한 사람은 특히
조심해야 하죠.
헉...!
이번엔 엉치뼈를 살펴 볼까요?
엉치뼈
꼬리뼈

엉치뼈 끝에있는게
꼬리뼈라구?
네.
왜 꼬리뼈가 있지?
사람은 꼬리가
없잖아?
꼬리는 퇴화해서 없지만
꼬리뼈는 작게 남아
있는 거예요.

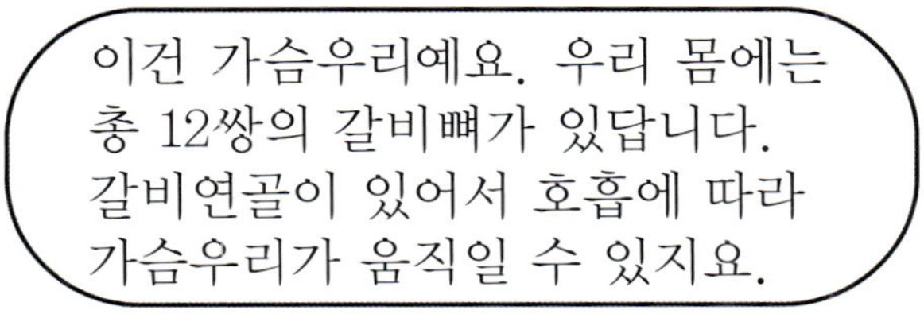

이건 가슴우리예요. 우리 몸에는
총 12쌍의 갈비뼈가 있답니다.
갈비연골이 있어서 호흡에 따라
가슴우리가 움직일 수 있지요.

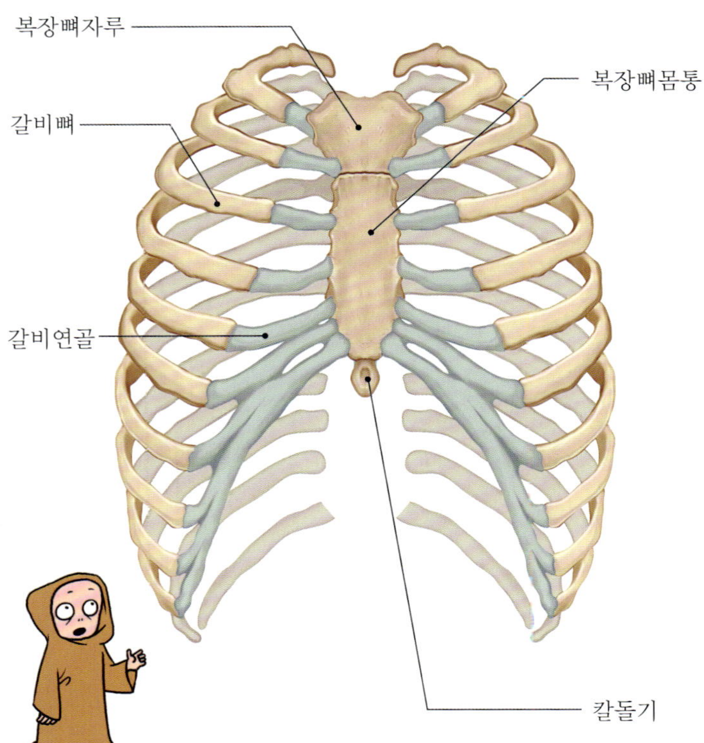

복장뼈자루
갈비뼈
복장뼈몸통
갈비연골
칼돌기

갈비뼈가 창살처럼
매우 촘촘하게 붙어있군.
몸안의 주요 장기들을
보호해야 하니 그런거예요.

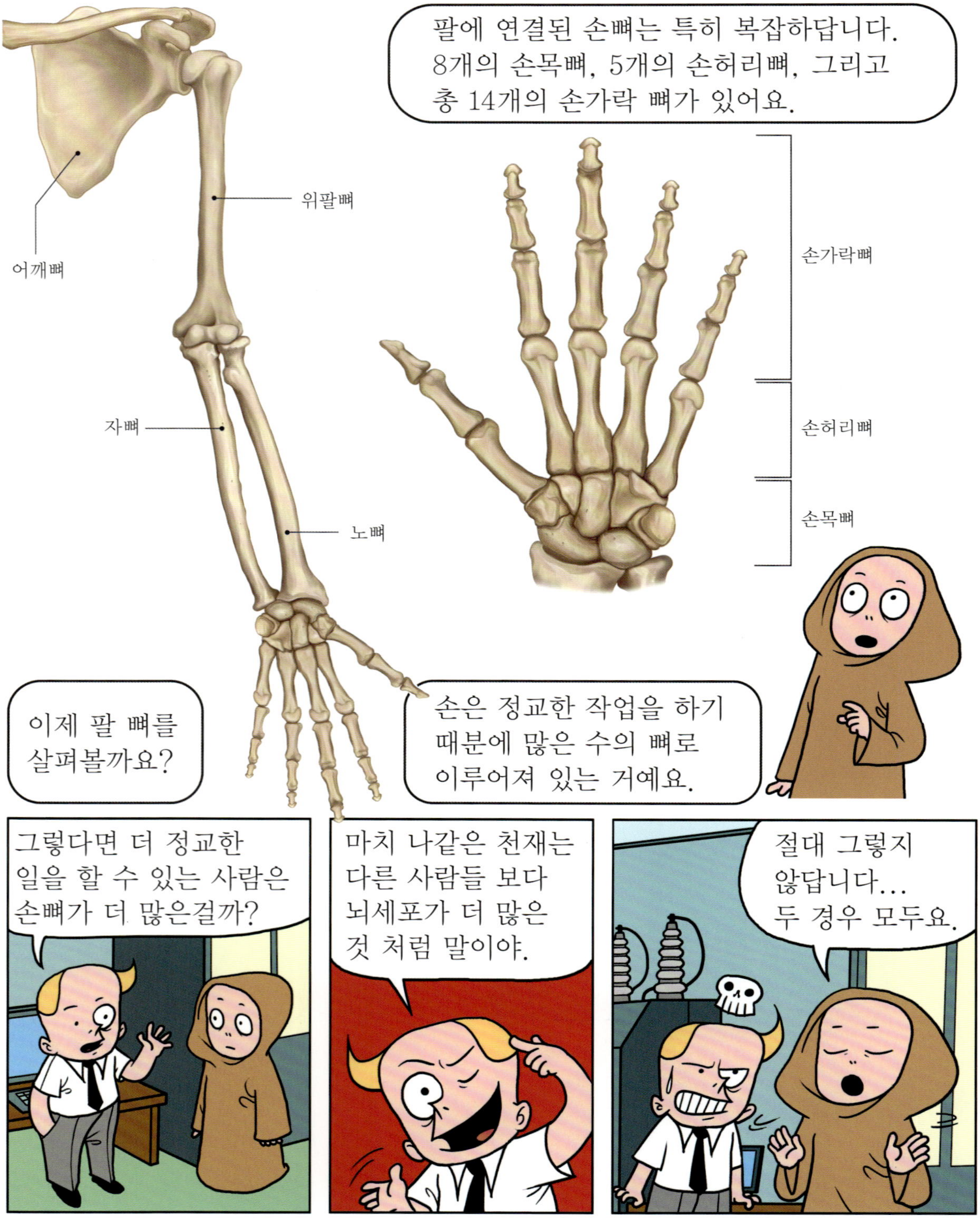

팔에 연결된 손뼈는 특히 복잡하답니다.
8개의 손목뼈, 5개의 손허리뼈, 그리고
총 14개의 손가락 뼈가 있어요.
어깨뼈
위팔뼈
자뼈
노뼈
손가락뼈
손허리뼈
손목뼈
이제 팔 뼈를 살펴볼까요?
손은 정교한 작업을 하기 때문에 많은 수의 뼈로 이루어져 있는 거예요.
그렇다면 더 정교한 일을 할 수 있는 사람은 손뼈가 더 많은걸까?
마치 나같은 천재는 다른 사람들 보다 뇌세포가 더 많은 것 처럼 말이야.
절대 그렇지 않답니다… 두 경우 모두요.

다음은 골반뼈에 대해 알아보기로 해요. 골반뼈는 아까 살펴본 엉치뼈와 연결되어 있어요.

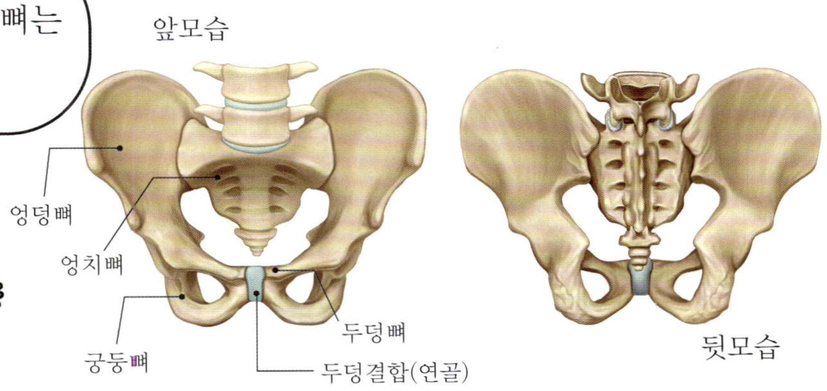
앞모습
엉덩뼈
엉치뼈
궁둥뼈
두덩뼈
두덩결합(연골)
뒷모습

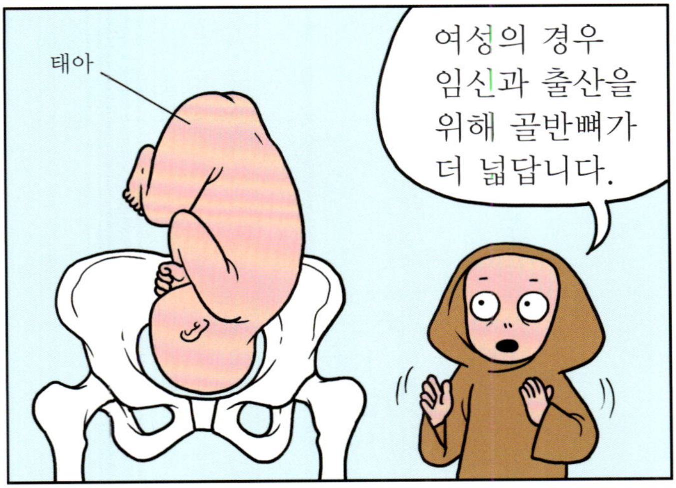
태아
여성의 경우 임신과 출산을 위해 골반뼈가 더 넓답니다.

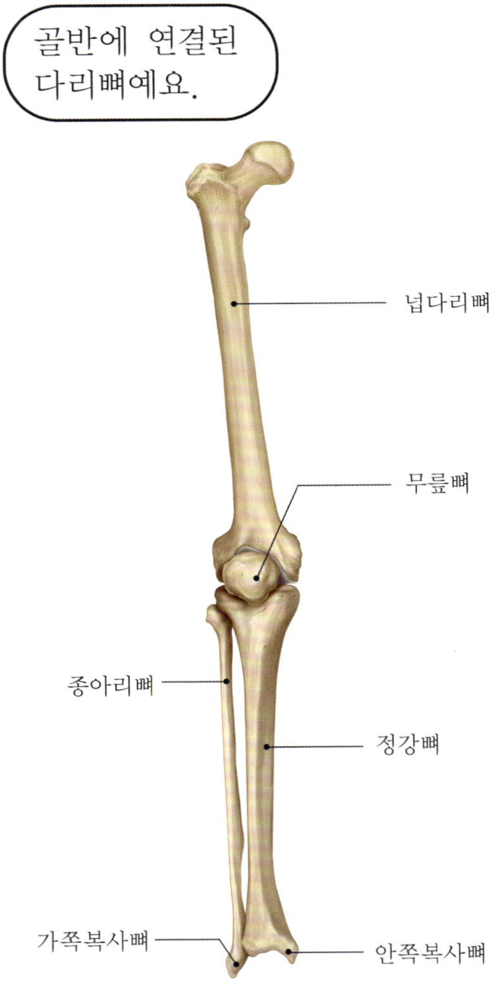
골반에 연결된 다리뼈예요.
넙다리뼈
무릎뼈
종아리뼈
정강뼈
가쪽복사뼈
안쪽복사뼈

그럼 배나온 남자도 골반이 넓은가?
똥배와 골반은 관계 없어요, 박사님...

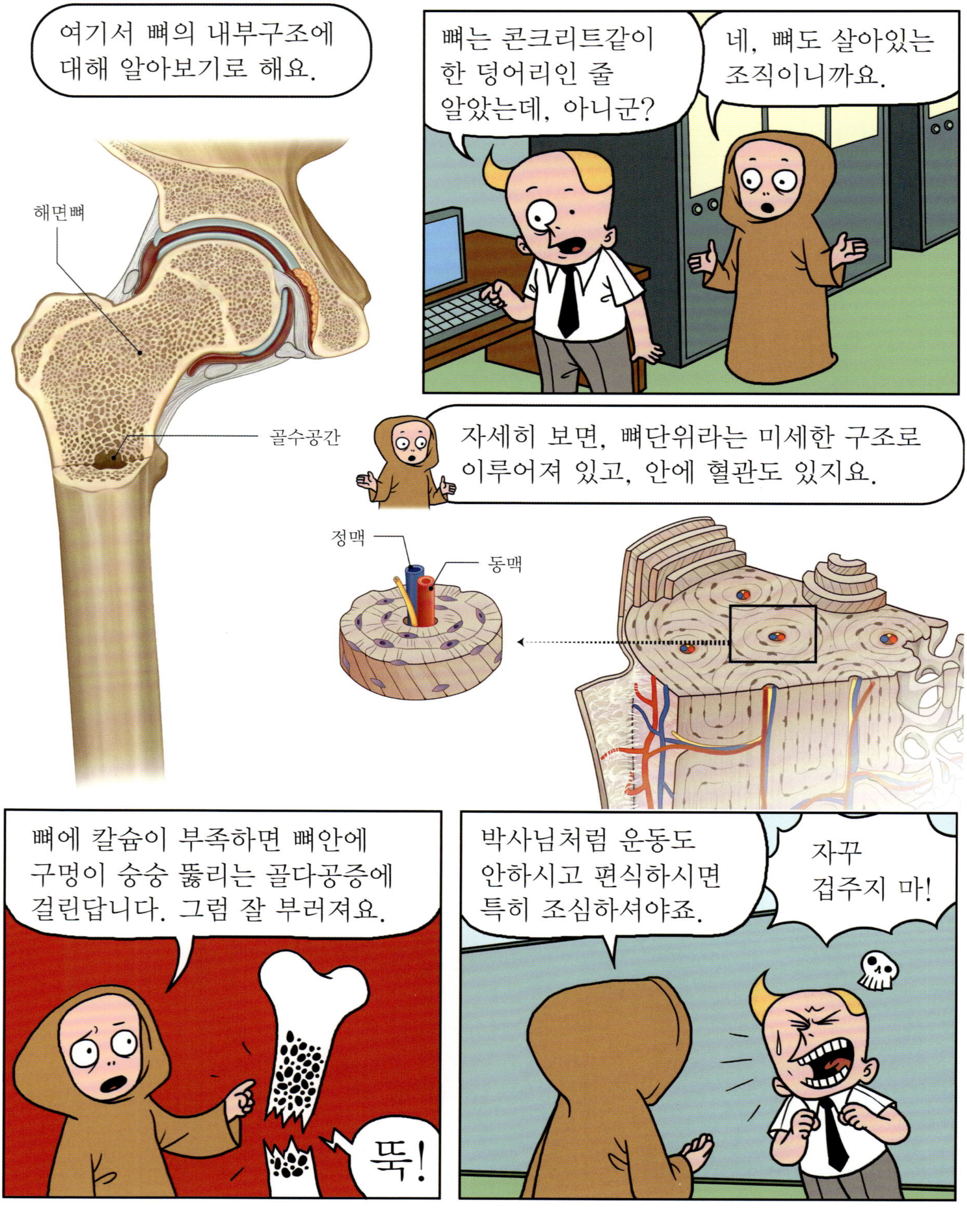
여기서 뼈의 내부구조에 대해 알아보기로 해요.
뼈는 콘크리트같이 한 덩어리인 줄 알았는데, 아니군?
네, 뼈도 살아있는 조직이니까요.
해면뼈
골수공간
자세히 보면, 뼈단위라는 미세한 구조로 이루어져 있고, 안에 혈관도 있지요.
정맥
동맥
뼈에 칼슘이 부족하면 뼈안에 구멍이 숭숭 뚫리는 골다공증에 걸린답니다. 그럼 잘 부러져요.
뚝!
박사님처럼 운동도 안하시고 편식하시면 특히 조심하셔야죠.
자꾸 겁주지 마!

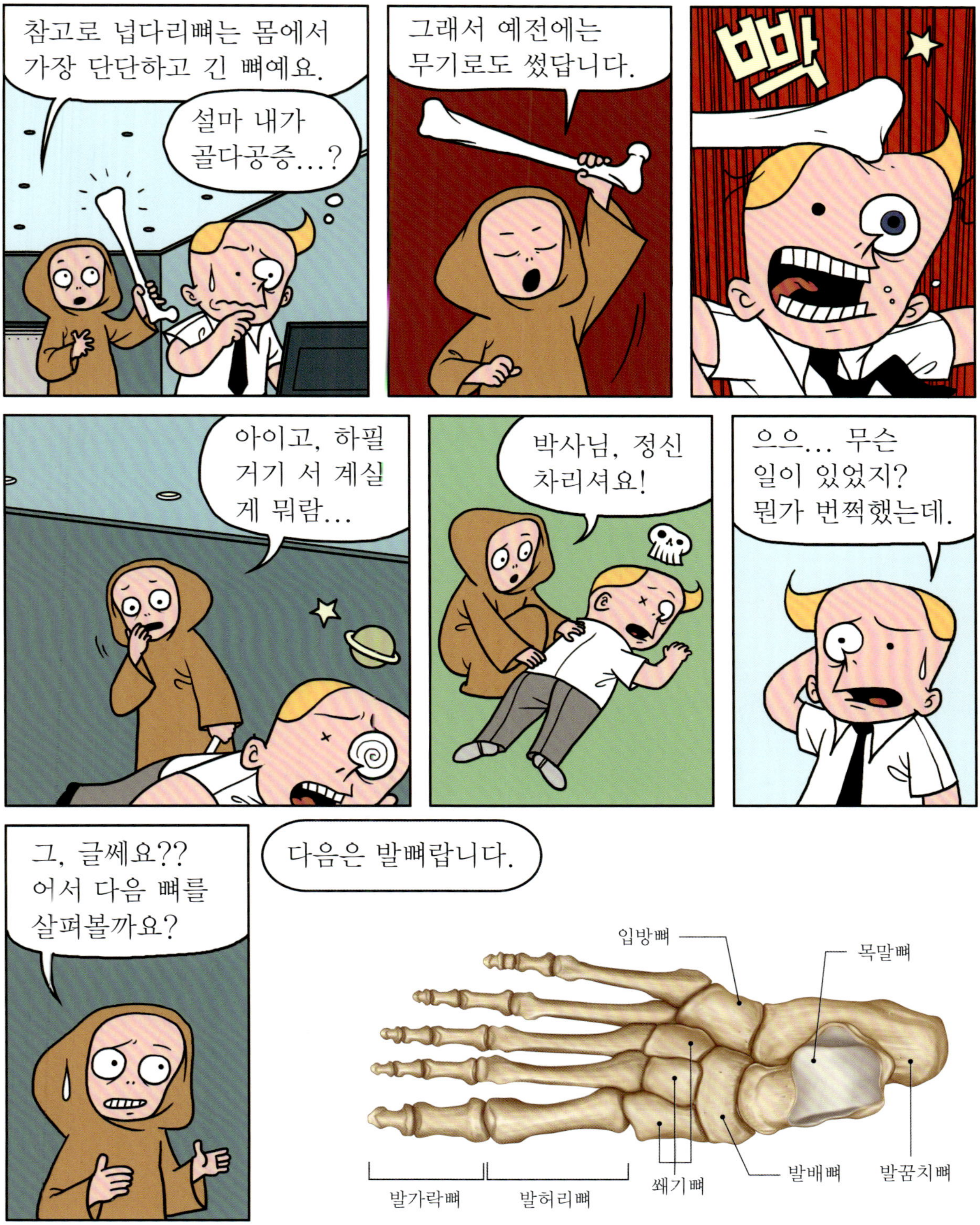
참고로 넙다리뼈는 몸에서 가장 단단하고 긴 뼈예요.
설마 내가 골다공증...?
그래서 예전에는 무기로도 썼답니다.
빡
아이고, 하필 거기 서 계실 게 뭐람...
박사님, 정신 차리셔요!
으으... 무슨 일이 있었지? 뭔가 번쩍했는데.
그, 글쎄요?? 어서 다음 뼈를 살펴볼까요?
다음은 발뼈랍니다.
입방뼈
목말뼈
발가락뼈
발허리뼈
쐐기뼈
발배뼈
발꿈치뼈

안쪽세로활
발바닥은 아치형의 구조를 가지고 있는데요, 몸의 무게를 효과적으로 지탱할 수 있게 해 준답니다.
이는 건축물에도 응용되는 원리예요.
발가락은 손가락보다 짧지만 역시 14개의 뼈로 이루어져 있어요.
조그만 발가락들에 그 많은 뼈들이 숨어 있었다니…
마치 나의 작은 몸에 엄청난 천재성이 숨어 있는 것과 같군!
안 그런가, 이고르?
엥, 어디 가버린거야? 이고르?
이고르!

제 5 장
관절의 구조

자네 아까 갑자기 어딜 간거야?
아…그게 갑자기 속이 안좋아서…
속이…? 이젠 괜찮아 진건가?
네…잠시 쉬었더니 괜찮아요.
어쨌든, 다시 한번 해보자구.
휴…
이번엔 확실히 뼈대를 만드신 거죠?
물론! 걱정 말라구.
타닷!
파지 지지짓!
이번에야 말로 완벽한 인조인간이 나올거야!!

저번보다
확실히
훌륭해!!
자, 이제 어서 멋지게
움직여 보라구!
부들
부들
왜 움직이지
않는 거지?
뭔가 무척
경직되 보여요.
움직이라니까,
왜 안 움직여?!
쿡!

퍼억
또!
뭐야? 마치 통나무처럼 쓰러져 버리잖아?!
온 몸이 뻣뻣해요, 마치 진짜 통나무처럼!
박사님…설마 이번엔 관절을 안 만드신 거예요?
과…관절?
아아아아! 또 이런 실수를!!

보세요, 팔이 전혀 굽혀지지 않아요!
다리도 나무처럼 뻣뻣해요.
온몸이 경직되서 굳어 있어요!
뼈대가 튼튼하라고 모든 뼈를 붙여 버렸을 뿐인데…
그러니 몸이 굳어 전혀 움직이지 못 할 수 밖에요.
튼튼하게 하려다 움직이지도 못하게 해버리다니…
할 수 없군… 이고르,
고쳐 줄 때까지 우선 옥상에서 보초나 세우도록.
까악

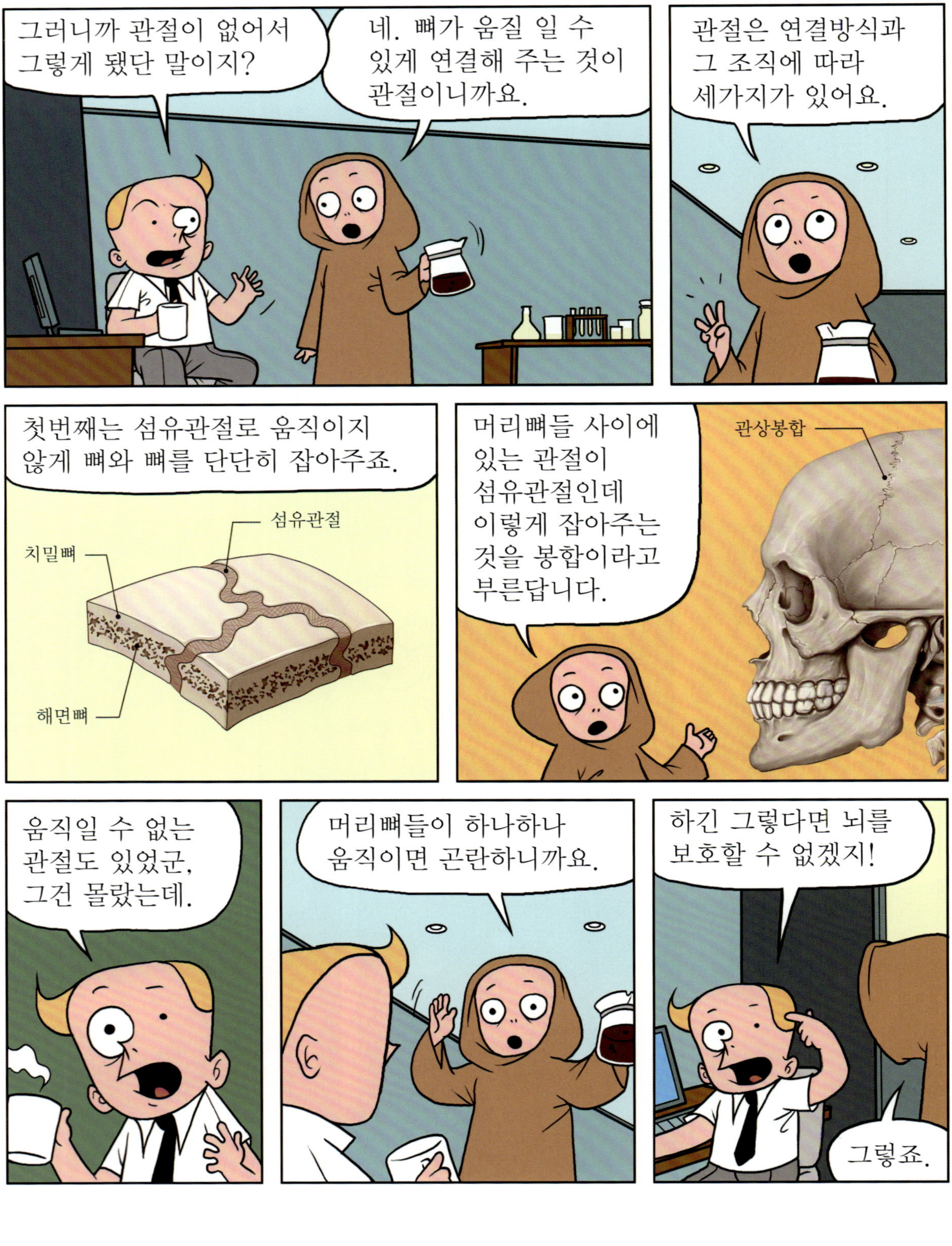
그러니까 관절이 없어서 그렇게 됐단 말이지?
네. 뼈가 움질 일 수 있게 연결해 주는 것이 관절이니까요.
관절은 연결방식과 그 조직에 따라 세가지가 있어요.
첫번째는 섬유관절로 움직이지 않게 뼈와 뼈를 단단히 잡아주죠.
섬유관절
치밀뼈
해면뼈
머리뼈들 사이에 있는 관절이 섬유관절인데 이렇게 잡아주는 것을 봉합이라고 부른답니다.
관상봉합
움직일 수 없는 관절도 있었군, 그건 몰랐는데.
머리뼈들이 하나하나 움직이면 곤란하니까요.
하긴 그렇다면 뇌를 보호할 수 없겠지!
그렇죠.

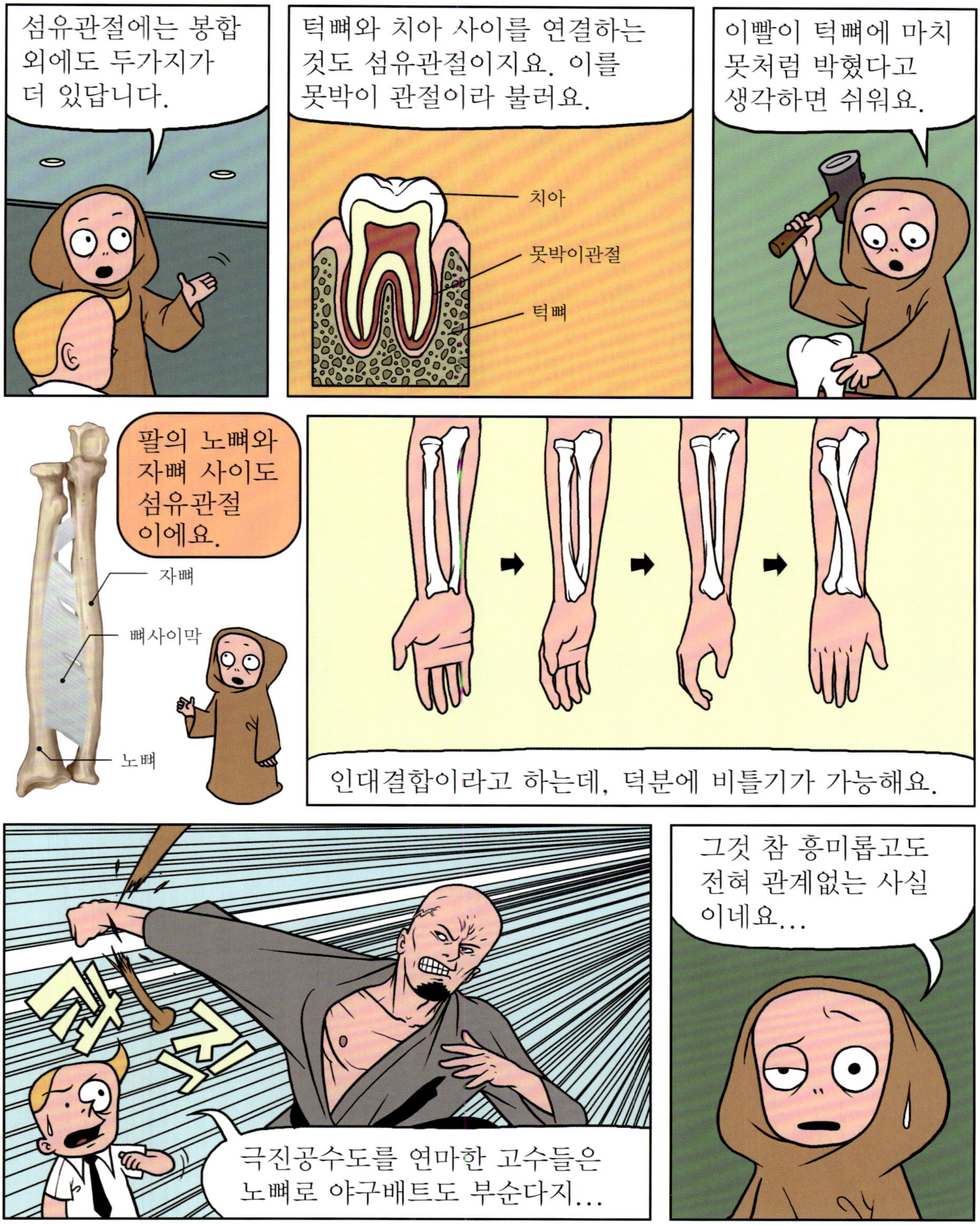
섬유관절에는 봉합 외에도 두가지가 더 있답니다.
턱뼈와 치아 사이를 연결하는 것도 섬유관절이지요. 이를 못박이 관절이라 불러요.
치아
못박이관절
턱뼈
이빨이 턱뼈에 마치 못처럼 박혔다고 생각하면 쉬워요.
팔의 노뼈와 자뼈 사이도 섬유관절이에요.
자뼈
뼈사이막
노뼈
인대결합이라고 하는데, 덕분에 비틀기가 가능해요.
극진공수도를 연마한 고수들은 노뼈로 야구배트도 부순다지…
그것 참 흥미롭고도 전혀 관계없는 사실이네요…

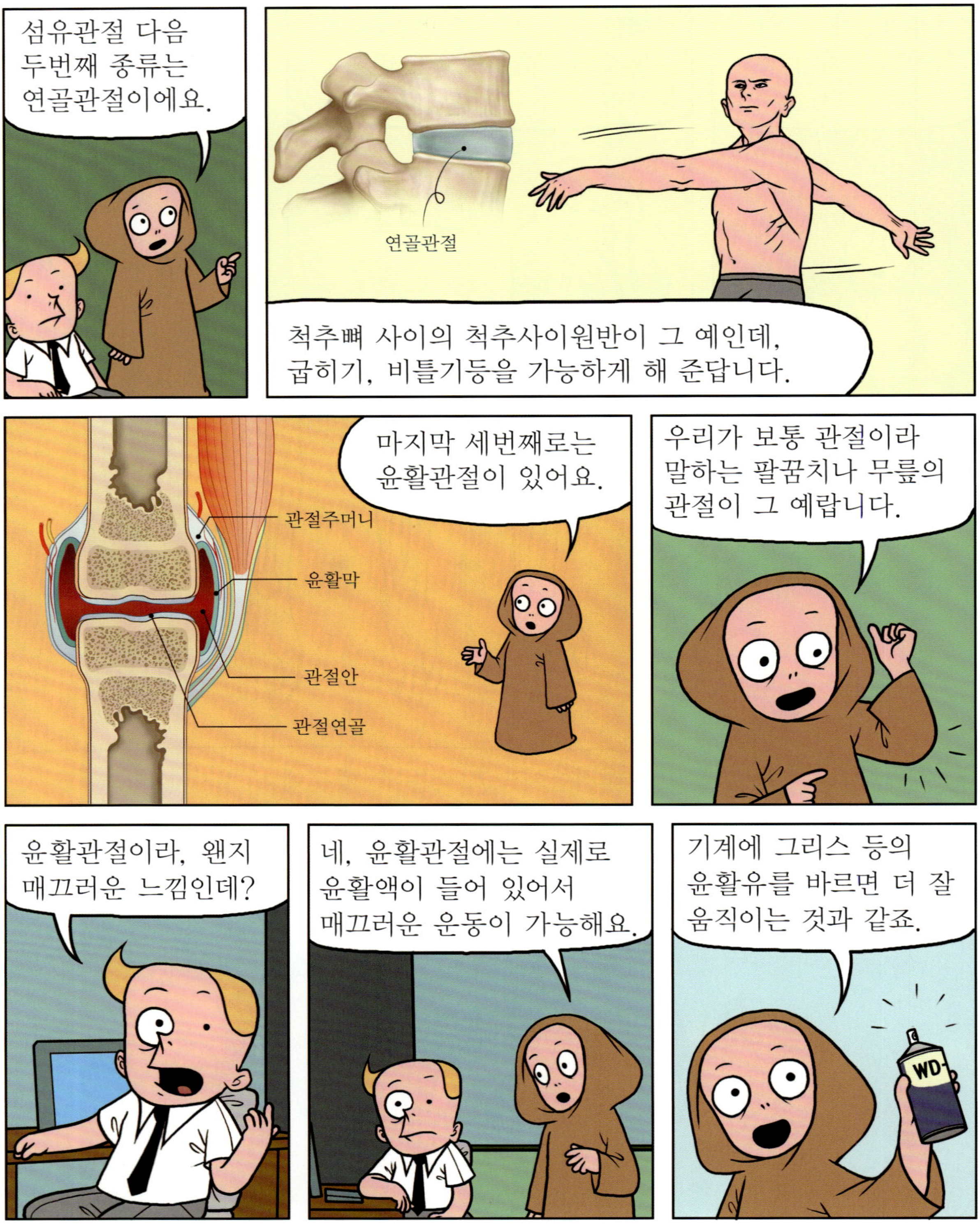

섬유관절 다음 두번째 종류는 연골관절이에요.
연골관절
척추뼈 사이의 척추사이원반이 그 예인데, 굽히기, 비틀기등을 가능하게 해 준답니다.
관절주머니
윤활막
관절안
관절연골
마지막 세번째로는 윤활관절이 있어요.
우리가 보통 관절이라 말하는 팔꿈치나 무릎의 관절이 그 예랍니다.
윤활관절이라, 왠지 매끄러운 느낌인데?
네, 윤활관절에는 실제로 윤활액이 들어 있어서 매끄러운 운동이 가능해요.
기계에 그리스 등의 윤활유를 바르면 더 잘 움직이는 것과 같죠.
WD-

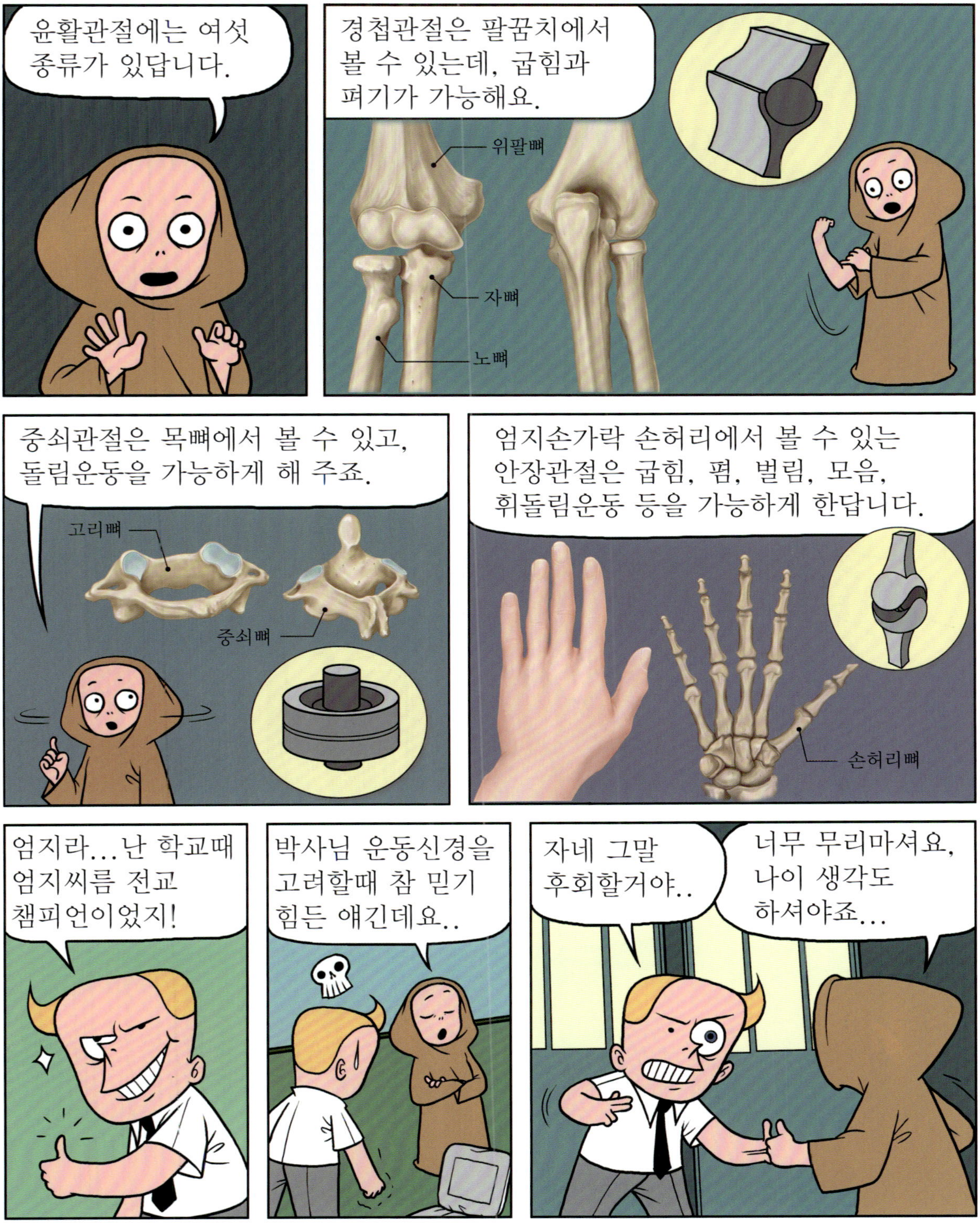
윤활관절에는 여섯 종류가 있답니다.
경첩관절은 팔꿈치에서 볼 수 있는데, 굽힘과 펴기가 가능해요.
위팔뼈
자뼈
노뼈
중쇠관절은 목뼈에서 볼 수 있고, 돌림운동을 가능하게 해 주죠.
고리뼈
중쇠뼈
엄지손가락 손허리에서 볼 수 있는 안장관절은 굽힘, 폄, 벌림, 모음, 휘돌림운동 등을 가능하게 한답니다.
손허리뼈
엄지라... 난 학교때 엄지씨름 전교 챔피언이었지!
박사님 운동신경을 고려할때 참 믿기 힘든 얘긴데요..
자네 그말 후회할거야..
너무 무리마셔요, 나이 생각도 하셔야죠...

앗!
꽉!
철썩!
윽!
뭘 그리 세게 쳐요!!
하하! 엄살떨지 말라구!
윽!
꽉!
철썩!
윽!
철썩!
악!
철썩!
하하핫!... 역시 전혀
상대가 안되는군!
이제 잘 알았겠지?
난 자네같은
아마추어가 아냐!
박사님은 학교에서 공부는
안하시고 순 엄지씨름만
하셨나 보군요...

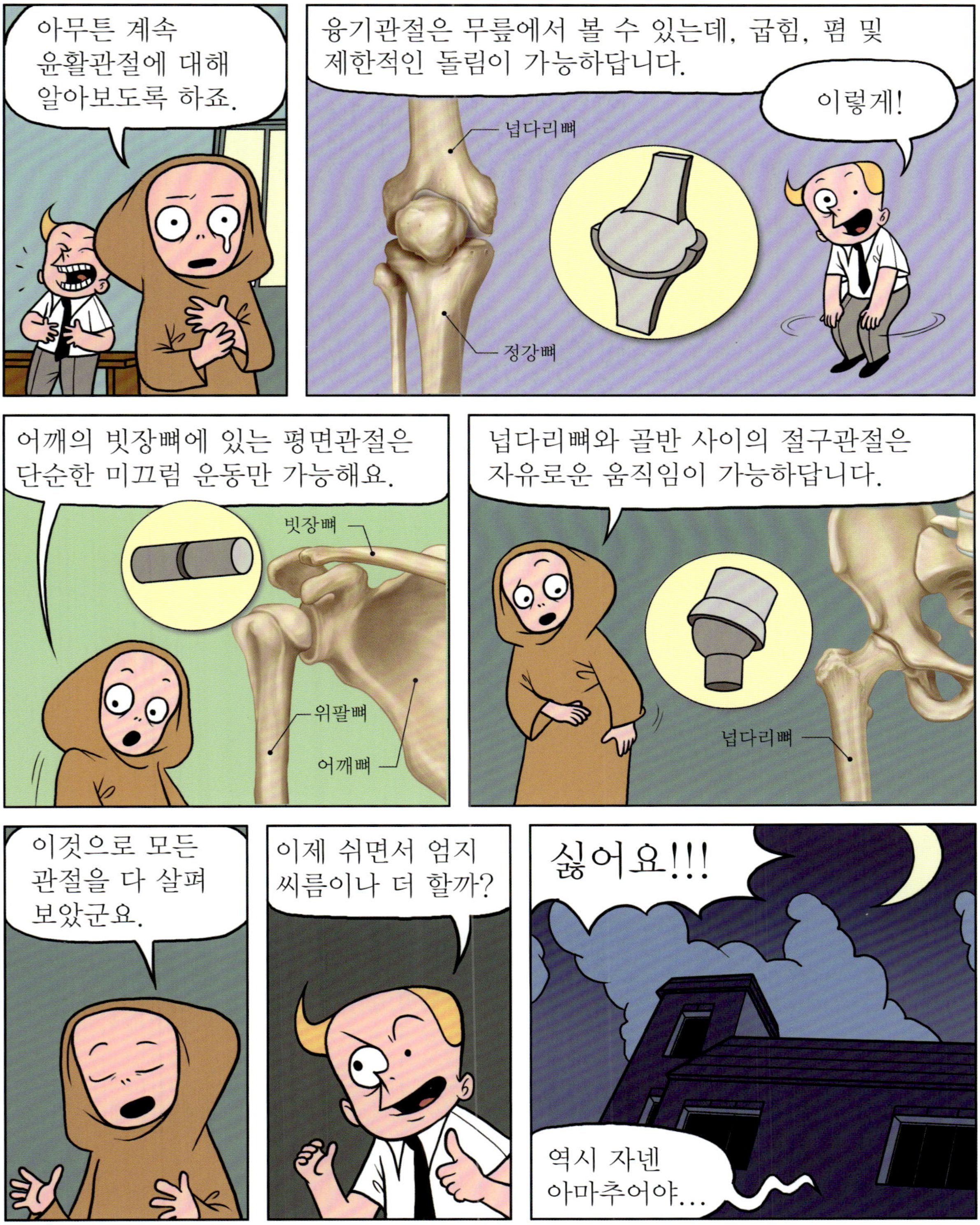

아무튼 계속
윤활관절에 대해
알아보도록 하죠.
융기관절은 무릎에서 볼 수 있는데, 굽힘, 폄 및
제한적인 돌림이 가능하답니다.
넙다리뼈
정강뼈
이렇게!
어깨의 빗장뼈에 있는 평면관절은
단순한 미끄럼 운동만 가능해요.
빗장뼈
위팔뼈
어깨뼈
넙다리뼈와 골반 사이의 절구관절은
자유로운 움직임이 가능하답니다.
넙다리뼈
이것으로 모든
관절을 다 살펴
보았군요.
이제 쉬면서 엄지
씨름이나 더 할까?
싫어요!!!
역시 자넨
아마추어야...

제 6 장
근육계통

철컥
지지직
자, 이제 움직여 봐! 힘차게!
드디어 완벽한
뼈대와 관절을
갖춘 인조인간이
탄생했군!
아니?!
비틀
설마 또?!

구부정
뭐야?!
주저앉아 버리잖아??
이게 또 어떻게 된 일이지?!
왜 그런지 힘이 없어 보여요, 움직이지 못하는 건 아닌데…
살이 물렁물렁한게 힘을 쓸 수 있을 것 같지 않은데요?
잠깐….물렁물렁?
박사님, 정말….
왜 또??!

이번엔 근육을 안 만드신 거 아녜요?
부, 분명 만들었어! 만들긴 했다구…
…그런데요?
…그게, 아주 조금 만들었지.
근육이 많으면 밥을 많이 먹을거 아냐! 근육은 지방세포보다 칼로리를 더 많이 소모한다구!
와구 와구
일 시키려고 만든 녀석이 밥만 축내면 곤란하지!
그러니 힘을 못 쓸 수 밖에요. 근육은 몸을 움직이는 데 꼭 필요해요!
보세요, 축 늘어져서 기운이 하나도 없어 보이잖아요…

그러니까…자네 말은, 내가 식비 좀 아끼려다…
힘도 못 쓰는 녀석을 만들어 버렸다는 거잖아?
…박사님, 진정하세요…
바…박사님??
푸욱
갑자기 몹시 지치는군…
나가서 잠깐 바람 좀 쐬고 오겠네…
진짜 심각하게 상심하신 건가?

잠시후...
어디 가신 거지?
정말 상심이 크셨나 보네...
박사님...?
우하하하하하하!
......
엥, 자네 왔나?
진짜 맘 상하신 줄 알고 걱정했잖아요.
뭘 그정도로!
그런데 겨우 비디오게임을 하고 계셨던 거예요...?
그...그건,

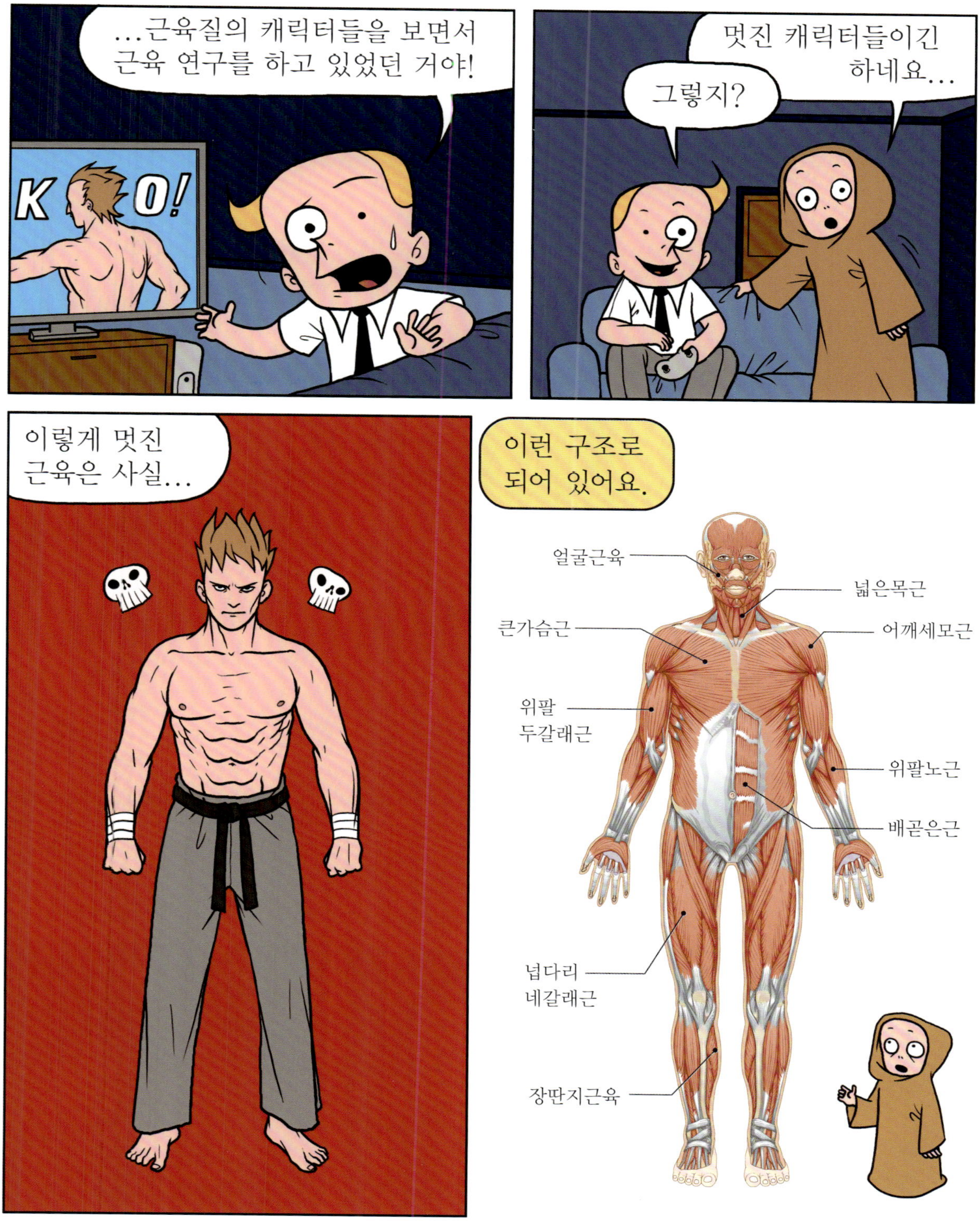
...근육질의 캐릭터들을 보면서
근육 연구를 하고 있었던 거야!
KO!
멋진 캐릭터들이긴
하네요...
그렇지?
이렇게 멋진
근육은 사실...
이런 구조로
되어 있어요.
얼굴근육
넓은목근
큰가슴근
어깨세모근
위팔
두갈래근
위팔노근
배곧은근
넙다리
네갈래근
장딴지근육

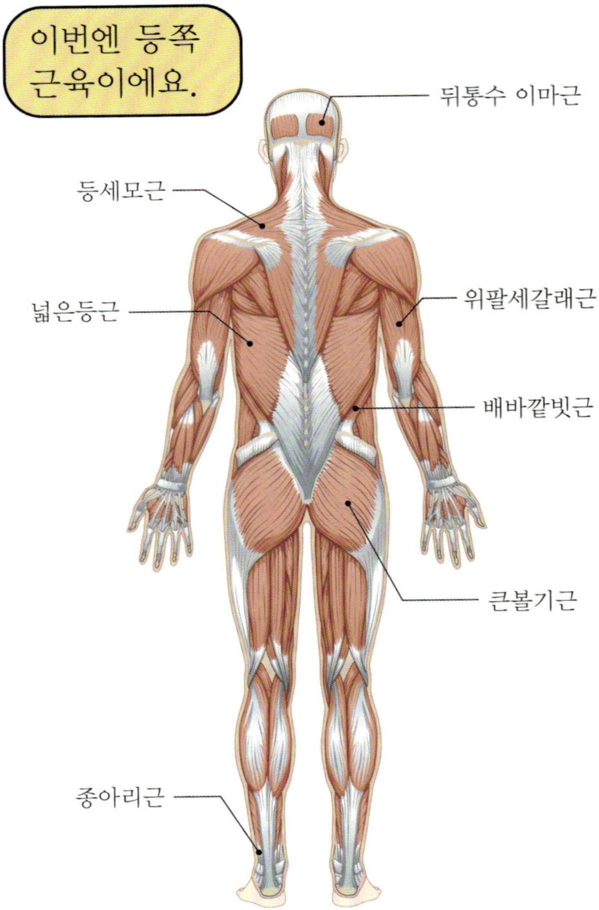
이번엔 등쪽
근육이에요.
뒤통수 이마근
등세모근
위팔세갈래근
넓은등근
배바깥빗근
큰볼기근
종아리근

근육이
왜 이리
빨갛지?
산소와 에너지의
원활한 공급을 위해
많은 혈관이 있거든요.
근육에는 세 종류가 있는데요...

게임속 캐릭터처럼 과격한
움직임을 하는 근육을
뼈대 근육이라고 해요.
가로무늬섬유로
이루어져 힘찬
운동이 가능하죠.
마음대로 움직일 수 있기
때문에 수의근, 맘대로근
이라고도 부른답니다.

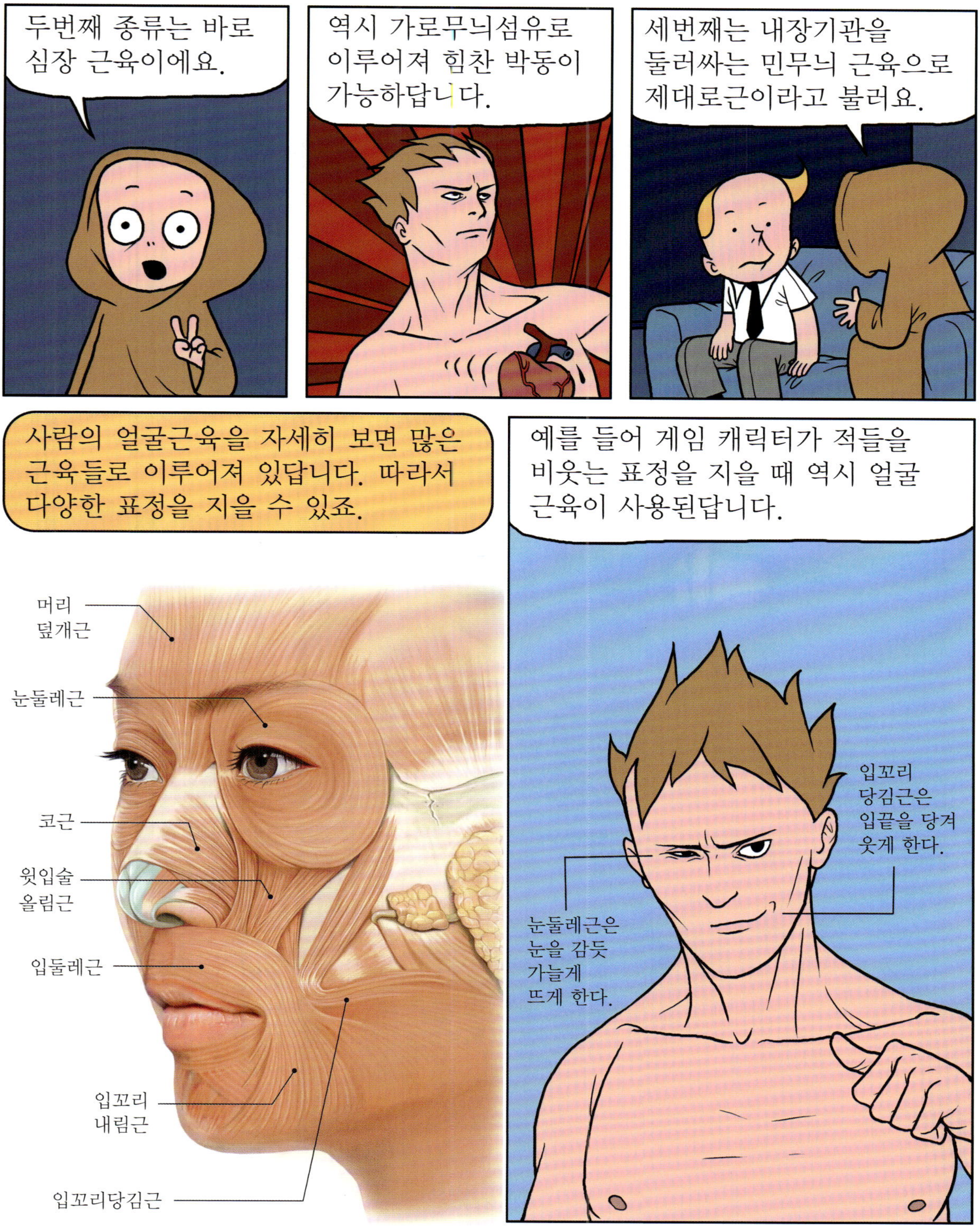
두번째 종류는 바로 심장 근육이에요.
역시 가로무늬섬유로 이루어져 힘찬 박동이 가능하답니다.
세번째는 내장기관을 둘러싸는 민무늬 근육으로 제대로근이라고 불러요.
사람의 얼굴근육을 자세히 보면 많은 근육들로 이루어져 있답니다. 따라서 다양한 표정을 지을 수 있죠.
머리 덮개근
눈둘레근
코근
윗입술 올림근
입둘레근
입꼬리 내림근
입꼬리당김근
예를 들어 게임 캐릭터가 적들을 비웃는 표정을 지을 때 역시 얼굴 근육이 사용된답니다.
입꼬리 당김근은 입끝을 당겨 웃게 한다.
눈둘레근은 눈을 감듯 가늘게 뜨게 한다.

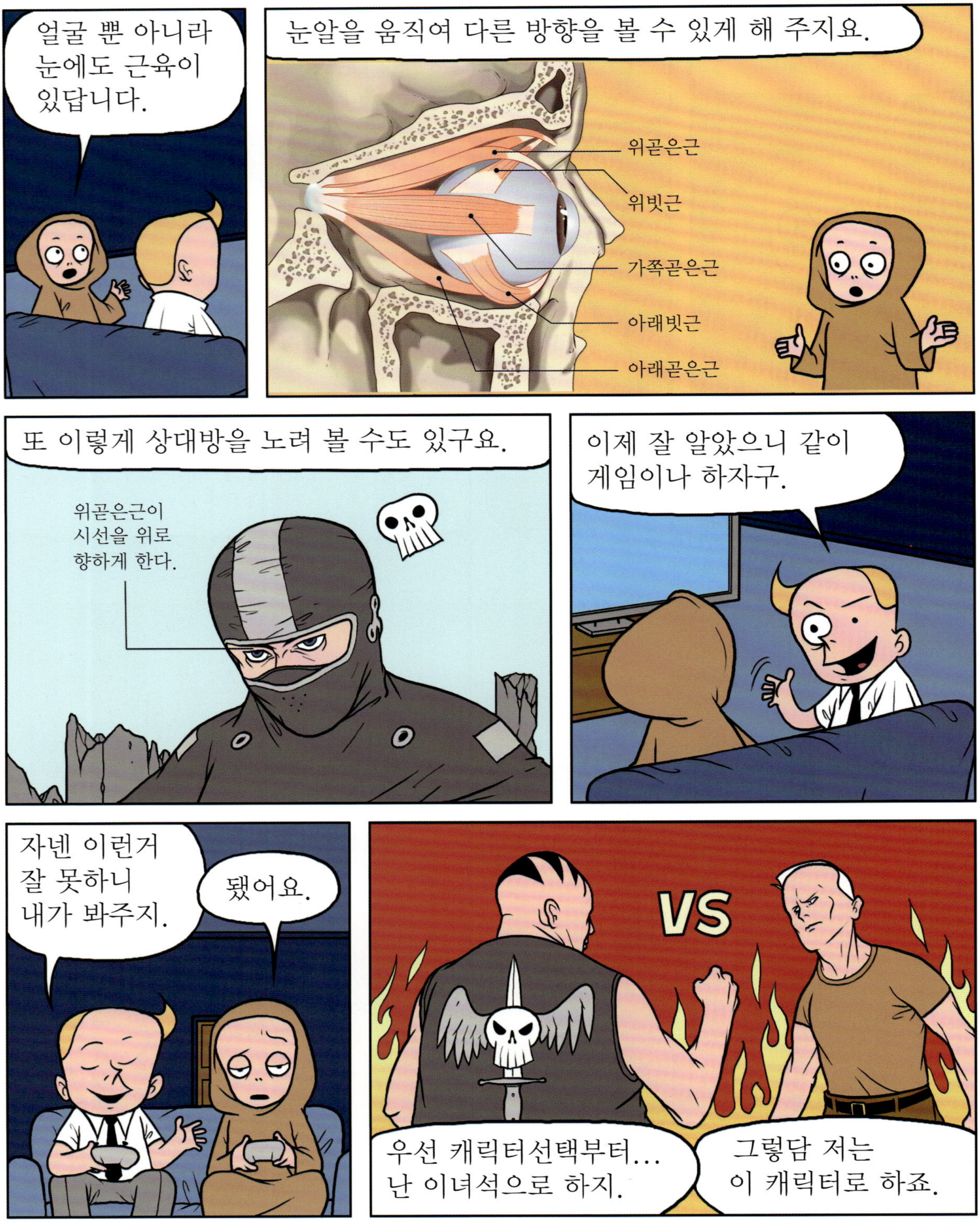
얼굴 뿐 아니라 눈에도 근육이 있답니다.
눈알을 움직여 다른 방향을 볼 수 있게 해 주지요.
위곧은근
위빗근
가쪽곧은근
아래빗근
아래곧은근
또 이렇게 상대방을 노려 볼 수도 있구요.
위곧은근이 시선을 위로 향하게 한다.
이제 잘 알았으니 같이 게임이나 하자구.
자넨 이런거 잘 못하니 내가 봐주지.
됐어요.
VS
우선 캐릭터선택부터... 난 이녀석으로 하지.
그렇담 저는 이 캐릭터로 하죠.

한번
해 볼까?
준비됐어요,
박사님.
FIGHT!
펀치콤보:
뭐야 이거??!
대부분 사람들이 펀치는 팔근육을
사용한다고 생각하는데요,
실제로 펀치의 힘은 다리에서 나와요!

킥 콤보:
→→○↓ ○ ○→○
퍼
억
다리에는 몸에서 가장 강한 근육이 모여 있어요.
따라서 펀치보다 강한 힘을 내지요.
이제 안 봐준다!!
조르기:
↓↑↓○○
이런 조르기에서는…
우드득
팔과 어깨근육이 사용돼요.

또한 우리가 흔히 식스팩이라고
부르는 복근은,
퍽
헉
이런 펀치에서부터 내장기관을
보호하는 역할도 한답니다.
K.O.
이런 말도
안되는....!!
박사님이 숨겨둔
공략집을 다
외웠거든요.
완전공략집
무슨 게임을
공부하듯
하냐!!
졌으면
인정하셔요.

제 7 장
심장혈관계통

기분전환을 하고 나니
상쾌하고 좋군!
이제 힘이 넘치는 인조
인간을 만들어 보자구.
슈퍼맨 뺨치는
강한 인조인간
말이야!
잘 봐!
우하하핫!

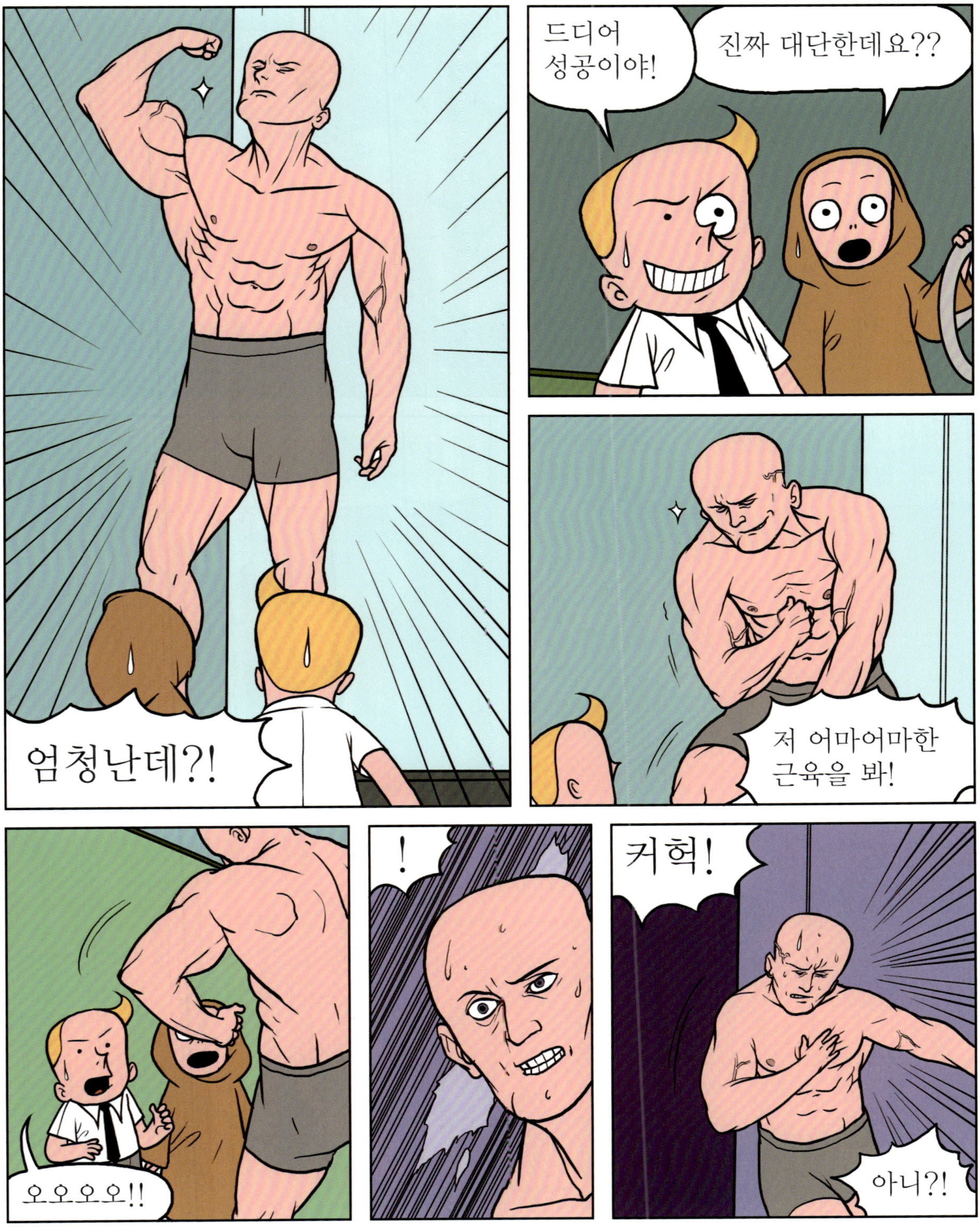
엄청난데?!
드디어
성공이야!
진짜 대단한데요??
저 어마어마한
근육을 봐!
오오오오!!
!
커헉!
아니?!

갑자기 몹시 창백해 보여요!
크
헉
아니...왜 이러는 거지? 분명 힘이 넘쳤었는데??
가슴을 부여잡고 있는 것을 보면 심장이 안 좋은가 봐요!
어디 한번...
이상해요! 심장이 뛰는 소리가 거의 들리지 않아요, 박사님!
그...그건...

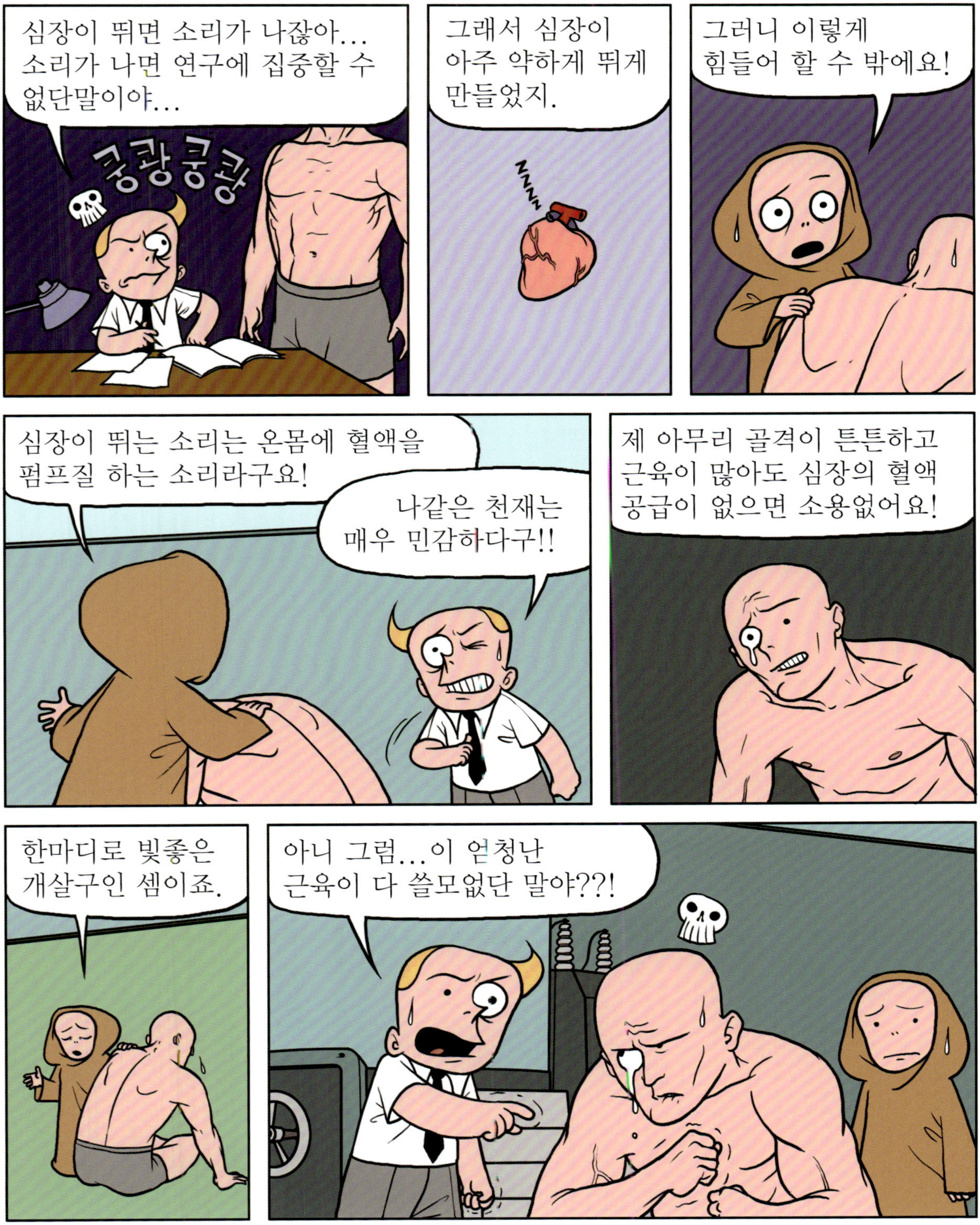
심장이 뛰면 소리가 나잖아…
소리가 나면 연구에 집중할 수 없단말이야…
쿵쾅쿵쾅
그래서 심장이 아주 약하게 뛰게 만들었지.
그러니 이렇게 힘들어 할 수 밖에요!
심장이 뛰는 소리는 온몸에 혈액을 펌프질 하는 소리라구요!
나같은 천재는 매우 민감하다구!!
제 아무리 골격이 튼튼하고 근육이 많아도 심장의 혈액 공급이 없으면 소용없어요!
한마디로 빛좋은 개살구인 셈이죠.
아니 그럼…이 엄청난 근육이 다 쓸모없단 말야??!

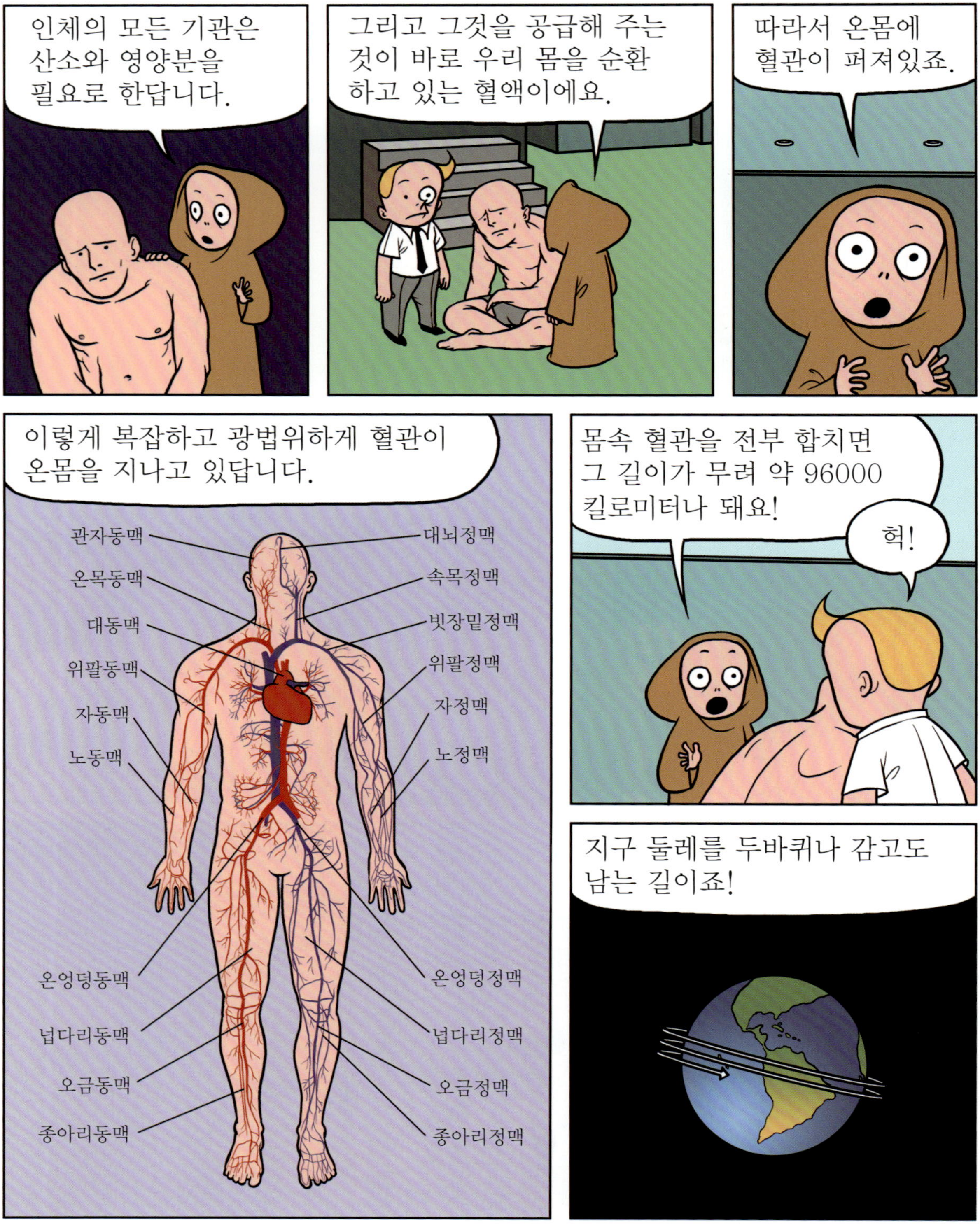
인체의 모든 기관은 산소와 영양분을 필요로 한답니다.
그리고 그것을 공급해 주는 것이 바로 우리 몸을 순환하고 있는 혈액이에요.
따라서 온몸에 혈관이 퍼져있죠.
이렇게 복잡하고 광범위하게 혈관이 온몸을 지나고 있답니다.
관자동맥
온목동맥
대동맥
위팔동맥
자동맥
노동맥
온엉덩동맥
넙다리동맥
오금동맥
종아리동맥
대뇌정맥
속목정맥
빗장밑정맥
위팔정맥
자정맥
노정맥
온엉덩정맥
넙다리정맥
오금정맥
종아리정맥
몸속 혈관을 전부 합치면 그 길이가 무려 약 96000 킬로미터나 돼요!
헉!
지구 둘레를 두바퀴나 감고도 남는 길이죠!

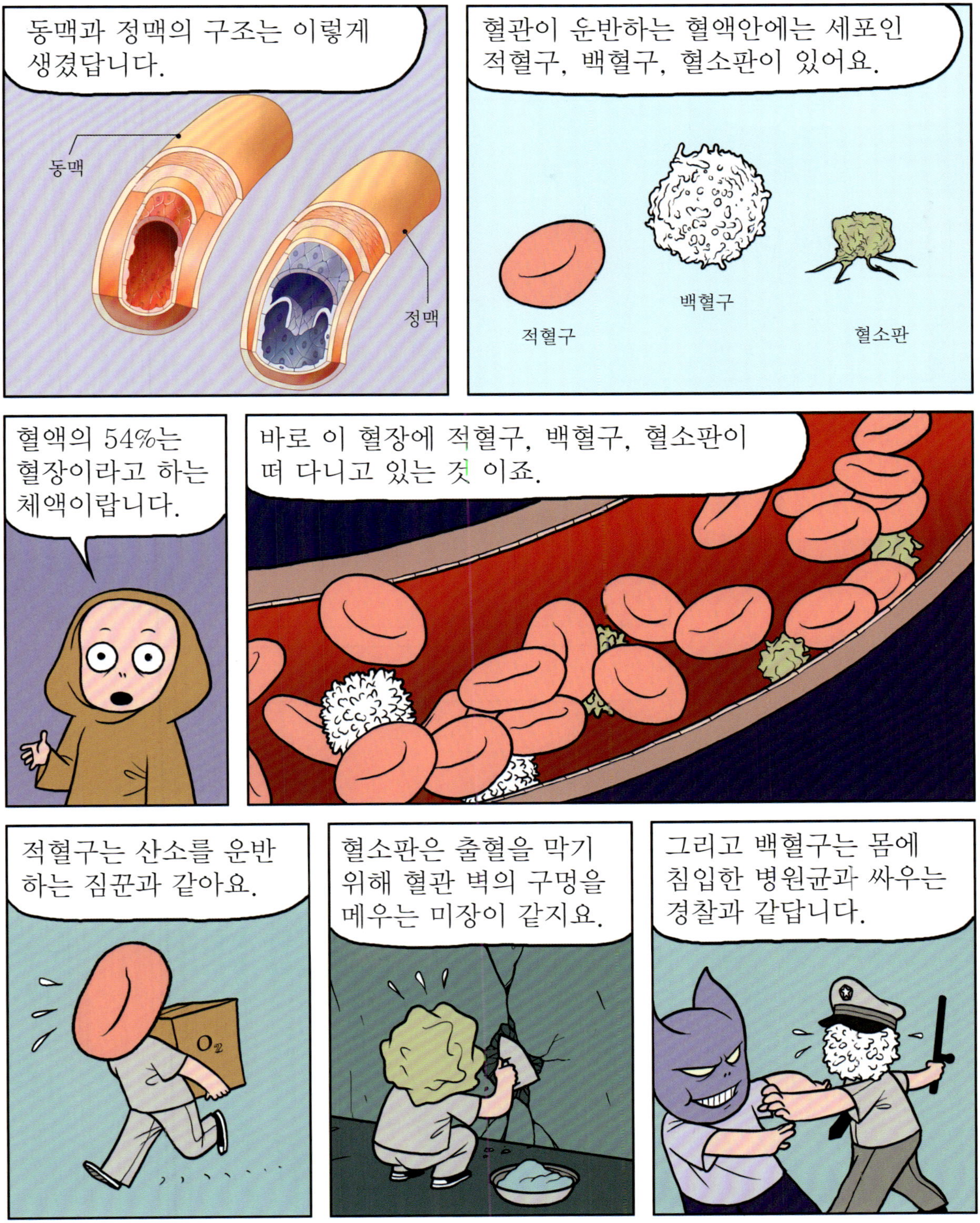
동맥과 정맥의 구조는 이렇게 생겼답니다.
동맥
정맥
혈관이 운반하는 혈액안에는 세포인 적혈구, 백혈구, 혈소판이 있어요.
적혈구
백혈구
혈소판
혈액의 54%는 혈장이라고 하는 체액이랍니다.
바로 이 혈장에 적혈구, 백혈구, 혈소판이 떠 다니고 있는 것 이죠.
적혈구는 산소를 운반하는 짐꾼과 같아요.
O_2
혈소판은 출혈을 막기 위해 혈관 벽의 구멍을 메우는 미장이 같지요.
그리고 백혈구는 몸에 침입한 병원균과 싸우는 경찰과 같답니다.

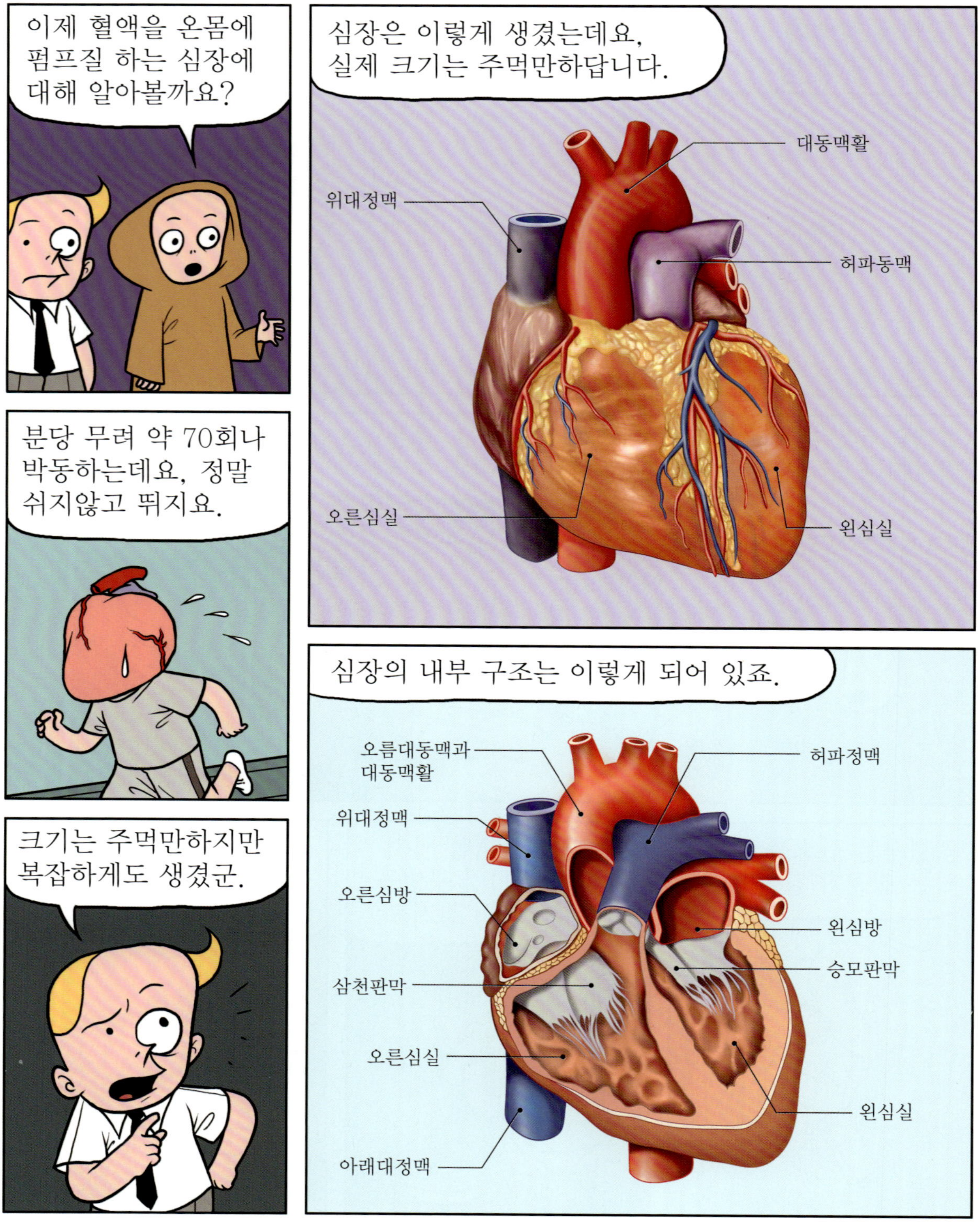
이제 혈액을 온몸에 펌프질 하는 심장에 대해 알아볼까요?
심장은 이렇게 생겼는데요, 실제 크기는 주먹만하답니다.
대동맥활
위대정맥
허파동맥
오른심실
왼심실
분당 무려 약 70회나 박동하는데요, 정말 쉬지않고 뛰지요.
크기는 주먹만하지만 복잡하게도 생겼군.
심장의 내부 구조는 이렇게 되어 있죠.
오름대동맥과 대동맥활
허파정맥
위대정맥
오른심방
왼심방
승모판막
삼천판막
오른심실
왼심실
아래대정맥

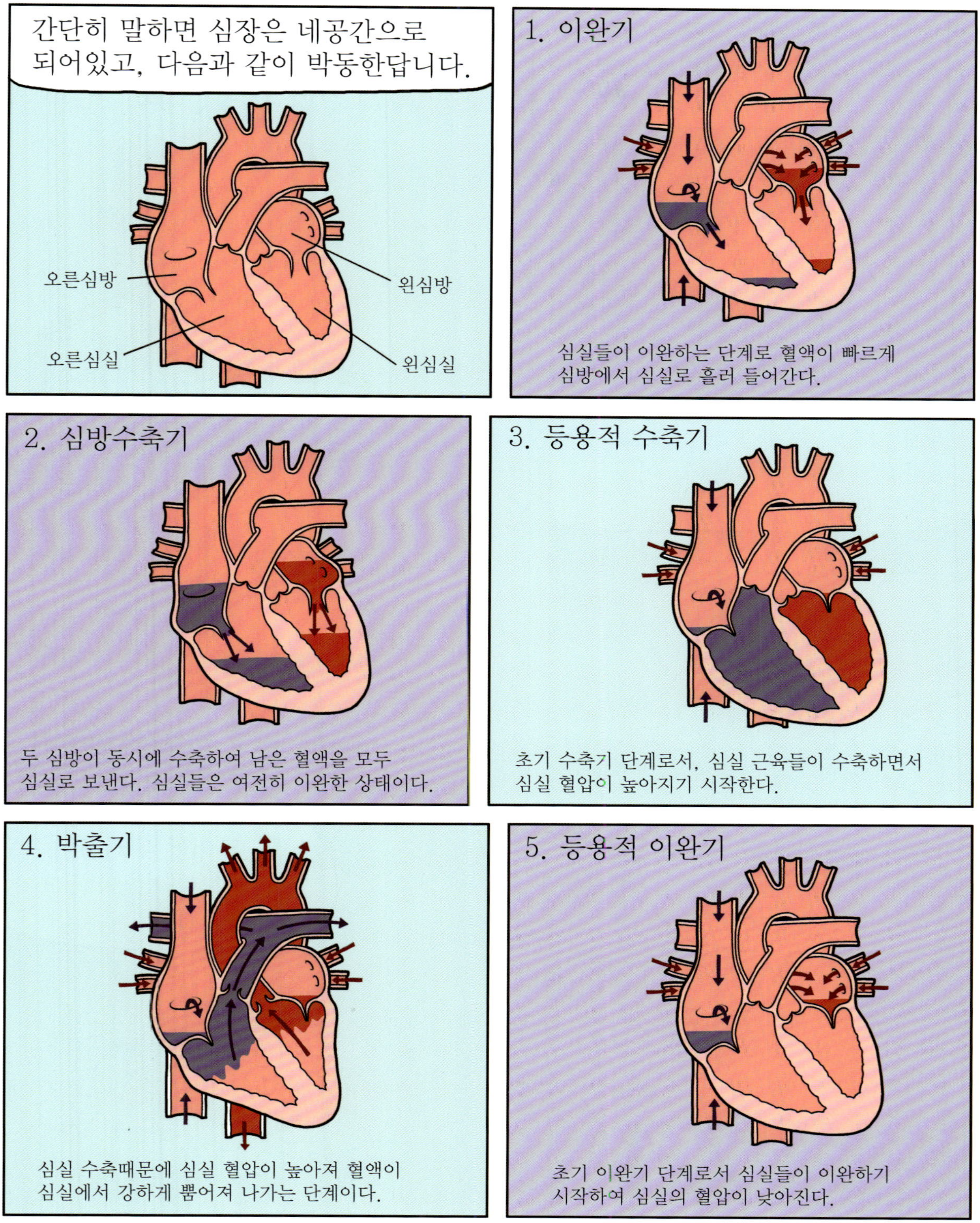
간단히 말하면 심장은 네공간으로 되어있고, 다음과 같이 박동한답니다.
오른심방
왼심방
오른심실
왼심실
1. 이완기
심실들이 이완하는 단계로 혈액이 빠르게 심방에서 심실로 흘러 들어간다.
2. 심방수축기
두 심방이 동시에 수축하여 남은 혈액을 모두 심실로 보낸다. 심실들은 여전히 이완한 상태이다.
3. 등용적 수축기
초기 수축기 단계로서, 심실 근육들이 수축하면서 심실 혈압이 높아지기 시작한다.
4. 박출기
심실 수축때문에 심실 혈압이 높아져 혈액이 심실에서 강하게 뿜어져 나가는 단계이다.
5. 등용적 이완기
초기 이완기 단계로서 심실들이 이완하기 시작하여 심실의 혈압이 낮아진다.

혈액은 다음과 같이 온몸을 순환하는데요, 화살표를 따라가 보면 그 경로를 알 수 있답니다.
뇌
허파
간과 위창자길
뼈대근육
콩팥
피부 및 기타기관
혈액순환은 크게 온몸순환과 허파순환으로 나누는데, 이를 이중순환이라 불러요.
이렇게 복잡한 과정을 거쳐서 혈액이 몸에 공급되는 것이었군…
네, 그래야 우리몸이 정상적으로 움직일 수 있답니다.

이제 심장과 혈관계통이 얼마나 중요한지 잘 아시겠죠?
알긴 알겠는데...
...결국 또 실패했단 얘기밖에 안되잖아.
한두번도 아니고 정말 피가 거꾸로 도는 것 같은 기분이군...!
하지만 심장과 정맥에는 판막이라는 것이 있어서 피가 거꾸로 돌 수는 없답니다.
열린 판막
닫힌 판막
분명히 거꾸로 돌고 있는 기분이라니까!!!! 내가 그렇게 느낀다구!!
절대 그럴리는 없어요.
우장창

제 8 장
림프계통

자꾸 고쳐 줄 녀석들이 늘어나 골치아프네...
이 녀석은 어떻게 할까요?
심장은 약해도 몸은 좋아 보이니 일단 정문 경비나 시키도록!
가지.
쾅
잘 보고 다녀야지...
저런 쓸모없는 근육덩어리... 어이구 속터져!
자. 이거 들고 여기 서 있어.
불쌍한 녀석...

저런 덩치가 심장이 아프다, 문에 부딪혔다 징징대다니…
진짜 아프게 부딪혔어요…
이제 그런 엄살 따위는 안 부리는 인조인간을 만들어야겠어!
뭘 어떻게 하시려는 거지?
이번엔 확실히 성공해야 해!
제발…
성큼
성큼

성공이야,
드디어!
성큼 성큼
어, 어이!
뭐야,
이건?!
쿵
쨍그랑
이봐, 조심하라구!!

유리를 밟아서 상처가 났잖아!
이상하네…왜 저기 부딪혔을까요?
알게 뭐야, 가서 실이랑 바늘 좀 가져와, 상처를 꿰매야 겠으니.
여기요.
음, 고맙군.
이제 꿰매 볼…
엥?!
상처가 그새 곪았잖아??
얼굴색이 붉은 게 몸에 열도 나는 것 같아요!
어떻게 된 거지? 불과 몇 분만에…

대체 뭐 때문에 이러는 거지?
이렇게 작은 상처에도 염증이 생기는 걸 보면 림프계통의 문제같아요.
림프계통?
우리몸의 면역체계를 담당하지요.
외적으로 아무리 튼튼해도 병원균의 침투에 대한 면역력이 없다면 아무 소용없어요.
그냥 겉만 번지르르 할 뿐인 거죠.
!
이번에도...설마 실패란 얘기??
우리가 살고 있는 이 세상은 눈에 보이지 않아도 세균, 박테리아, 바이러스 등으로 가득 차 있답니다.

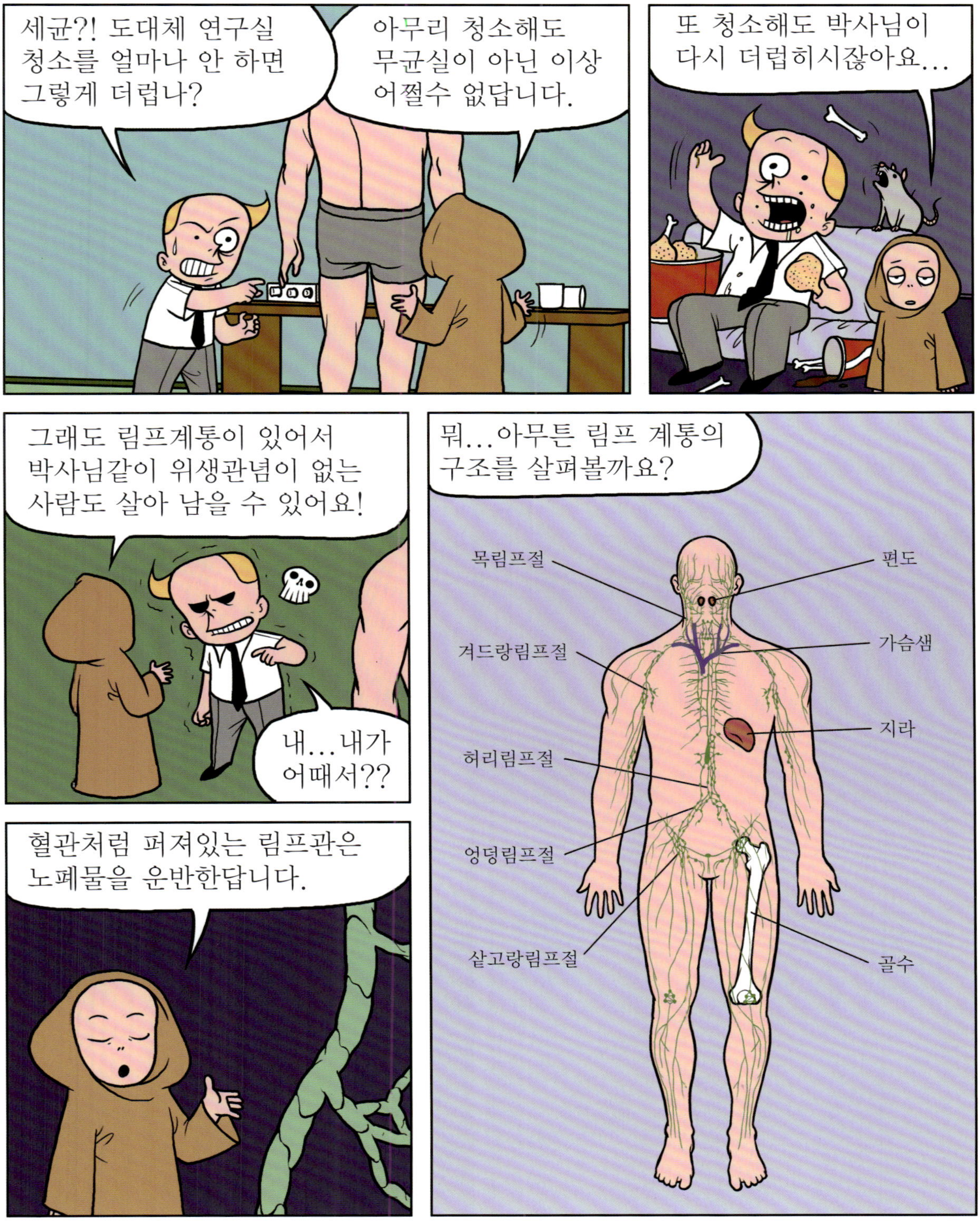
세균?! 도대체 연구실 청소를 얼마나 안 하면 그렇게 더럽나?
아무리 청소해도 무균실이 아닌 이상 어쩔수 없답니다.
또 청소해도 박사님이 다시 더럽히시잖아요...
그래도 림프계통이 있어서 박사님같이 위생관념이 없는 사람도 살아 남을 수 있어요!
내... 내가 어때서??
뭐... 아무튼 림프 계통의 구조를 살펴볼까요?
목림프절
편도
가슴샘
겨드랑림프절
지라
허리림프절
엉덩림프절
샅고랑림프절
골수
혈관처럼 퍼져있는 림프관은 노폐물을 운반한답니다.

그림에서 림프관을 따라 퍼져있는 덩어리들은 뭐지?
림프절이라고 하는데요, 림프관이 운반한 노폐물을 걸러주고, 병균과 싸우는 항체도 만든답니다.
날림프관
피막
속질
들림프관
병균과 싸우는 건 백혈구라고 하지 않았나?
네, 백혈구도 림프계통에서 생산돼요.
바로 골수에서 만들어 지는데요, 백혈구에도 여러 종류가 있어요.
호중구
단핵구
호산구
림프구
호염기구
또 백혈구 외에도 다른 여러 면역세포들이 존재한답니다.
큰포식세포
가지세포
자연살해세포
비만세포
T림프구와 B림프구
이거 너무 많고 비슷비슷하게 생겨서 헷갈리네.
그럼 이들중 몇 가지를 살펴볼까요?

호중구(포식세포)는
미생물을 먹어치워요.
호산구는 염증세포나
기생충을 노린답니다.
단핵구는 죽은세포를
치우는 역할을 해요.
T세포는 바이러스같은
특정 침입자를 공격하죠.
T세포는 면역세포 중
가장 뛰어난 정예부대
라고 할 수 있어요.
내 몸안에 정예
부대가? 갑자기
든든한 기분인걸!
하지만 그건 그만큼
싸워야할 적이
많다는 뜻도 되지요.
허억!
바이러스, 세균, 곰팡이, 원생동물, 기생충 등등
우리 몸을 위협하는 적은 매우 많답니다.

우리 몸이 이렇게 살벌한 전쟁터인줄 미처 몰랐군…
네, 사실 상처에서 나오는 고름은…
…죽은 세포들의 시체로 만들어진 거예요.
맙소사…
그만큼 전투가 격렬했다는 거겠죠.
사실 우리 몸은 전쟁터라기 보다는 단단한 성과 같아요.
면역세포들은 성 안에 침입한 적과 싸우는 병사들인 셈이죠.

피부는 우리 몸을 보호하는 성벽과 같답니다.
상처가 생겨 피가 나면 성벽이 뚫린 셈이죠.
그럼 적들이 침입해 들어와요.
그리고 면역세포들과의 싸움이 시작돼요. 가장 먼저 포식세포들이 달려들어 적들을 먹어 치운답니다.
우리 몸은 이렇게 철저하게 방어가 되고 있는데, 내 저택은 쓸모없는 녀석이 지키고 있구만…
……
안되겠어, 이고르, 이젠 자네가 밤에 보초를 서도록!
제가요?!
그럼 야근 수당도 주셔야죠.
뭐야?!

제 9 장
신경계통

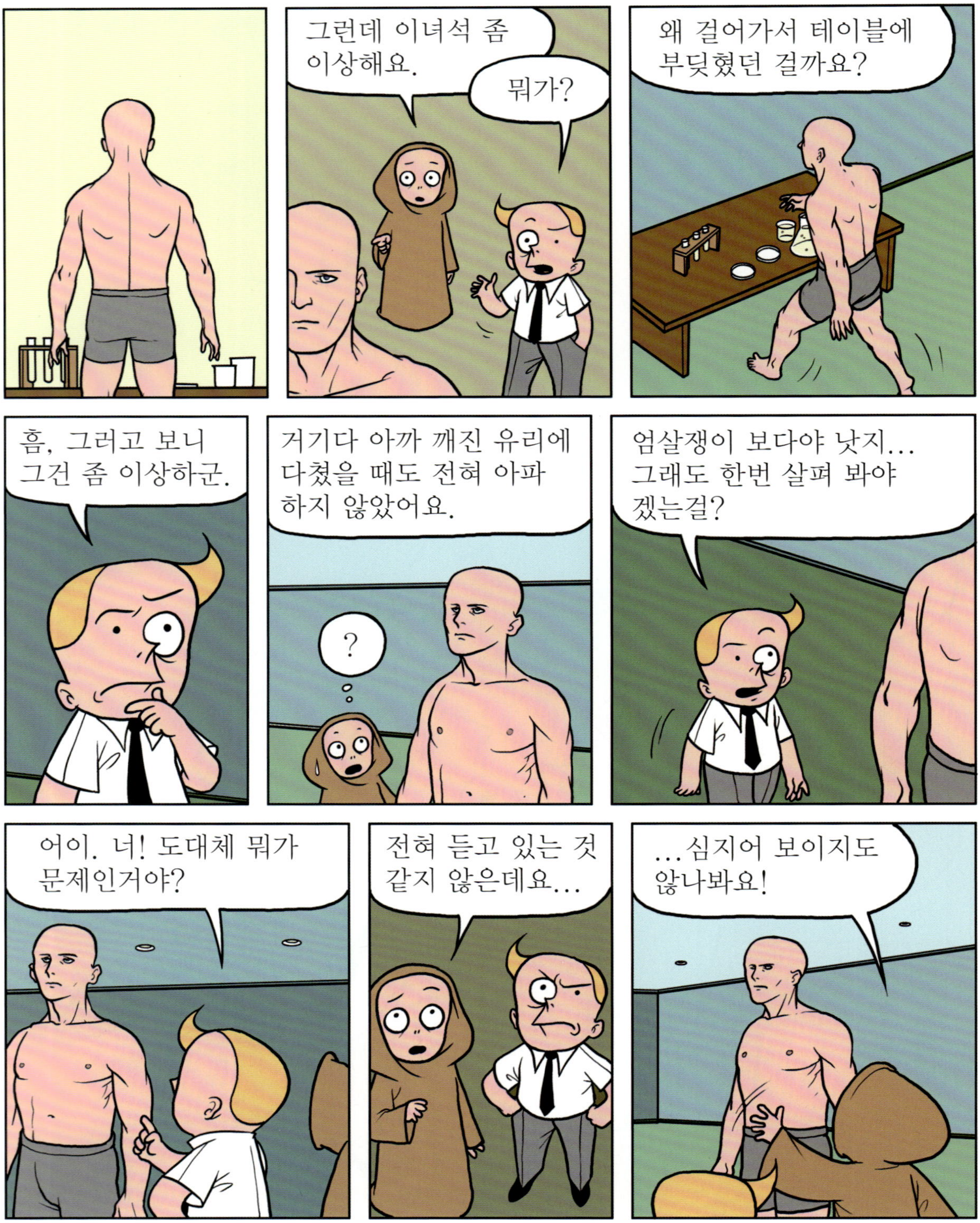
그런데 이녀석 좀 이상해요.
뭐가?
왜 걸어가서 테이블에 부딪혔던 걸까요?
흠, 그러고 보니 그건 좀 이상하군.
거기다 아까 깨진 유리에 다쳤을 때도 전혀 아파하지 않았어요.
?
엄살쟁이 보다야 낫지... 그래도 한번 살펴 봐야 겠는걸?
어이. 너! 도대체 뭐가 문제인거야?
전혀 듣고 있는 것 같지 않은데요...
...심지어 보이지도 않나봐요!

이렇게 찔러도 아무 감각이 없나봐요.
뭐, 뭐야??
분명 눈, 귀 다 있고 피부도 있는데 왜 반응이 없는거야?
가만... 그러고 보니...
아까 엄살 부리지 않는 녀석을 만든다고 하신 게 무슨 말씀이세요?
그야 신경을 거의 안 만들었단 얘기지!
신경이 통증을 전달하니, 없으면 아프다고 엄살부릴 일이 없겠지!
자네도 아까 그 큰 덩치가 다쳤다고 징징 대는 거 봤잖아.
통증은 단순한 고통이 아니라 위험으로 부터 우리 몸을 보호한다구요!
통증이 없다면 아마 위험한 일도 거리낌 없이 해서 다칠거예요.

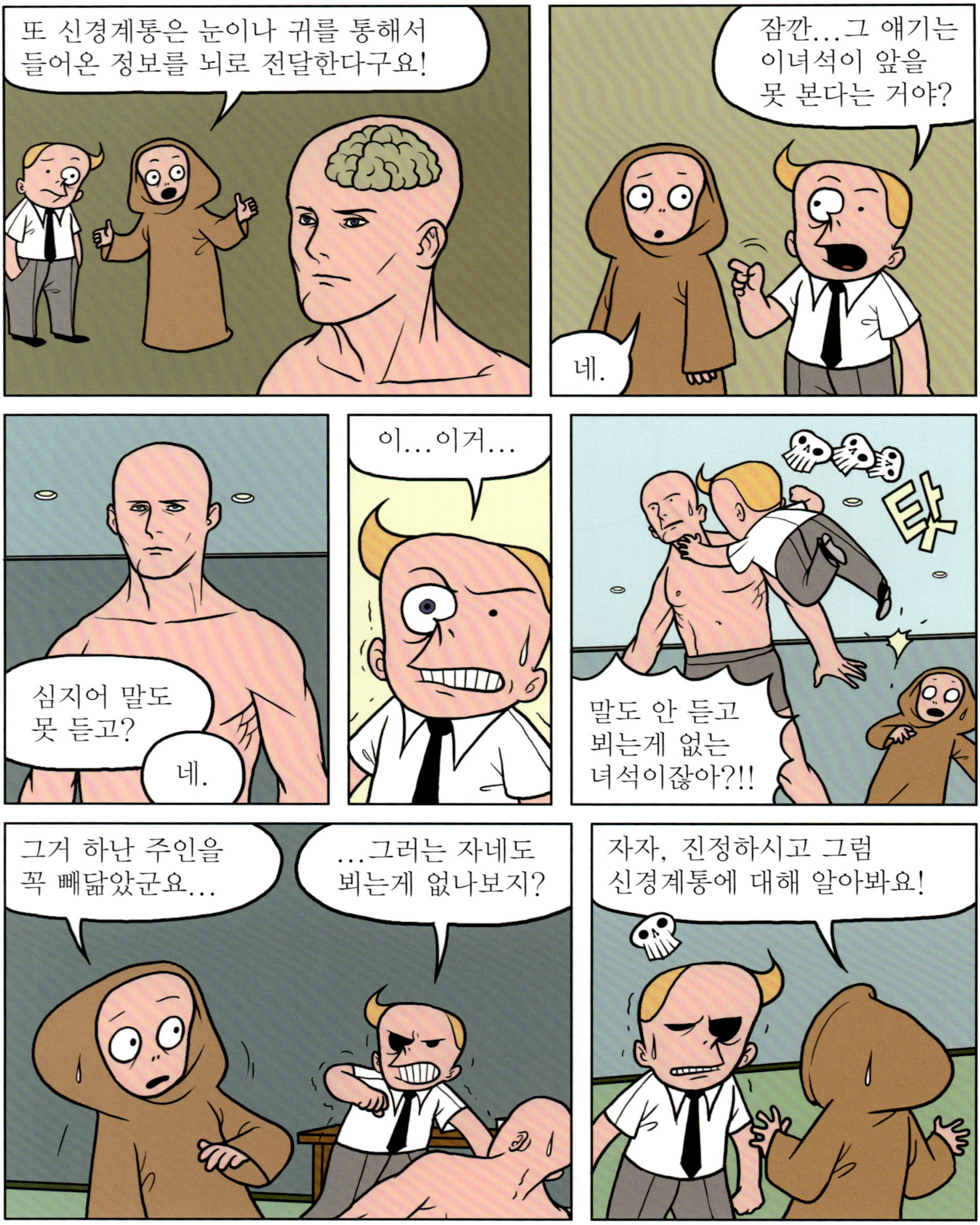
또 신경계통은 눈이나 귀를 통해서
들어온 정보를 뇌로 전달한다구요!
잠깐…그 얘기는
이녀석이 앞을
못 본다는 거야?
네.
심지어 말도
못 듣고?
네.
이…이거…
탁
말도 안 듣고
뇌는게 없는
녀석이잖아?!!
그거 하난 주인을
꼭 빼닮았군요…
…그러는 자네도
뇌는게 없나보지?
자자, 진정하시고 그럼
신경계통에 대해 알아봐요!

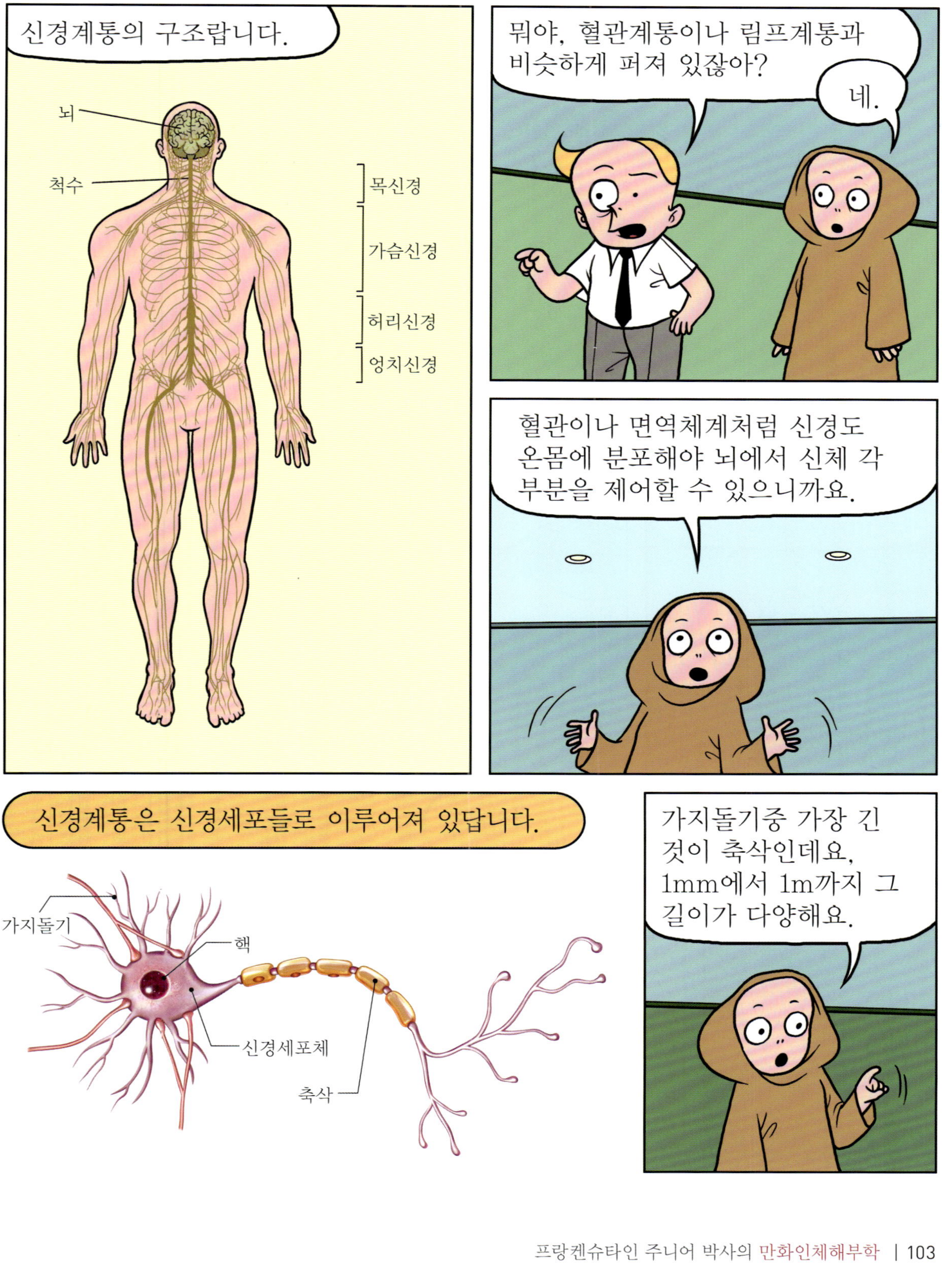

신경계통의 구조랍니다.
뇌
척수
목신경
가슴신경
허리신경
엉치신경
뭐야, 혈관계통이나 림프계통과 비슷하게 퍼져 있잖아?
네.
혈관이나 면역체계처럼 신경도 온몸에 분포해야 뇌에서 신체 각 부분을 제어할 수 있으니까요.
신경계통은 신경세포들로 이루어져 있답니다.
가지돌기
핵
신경세포체
축삭
가지돌기중 가장 긴 것이 축삭인데요, 1mm에서 1m까지 그 길이가 다양해요.

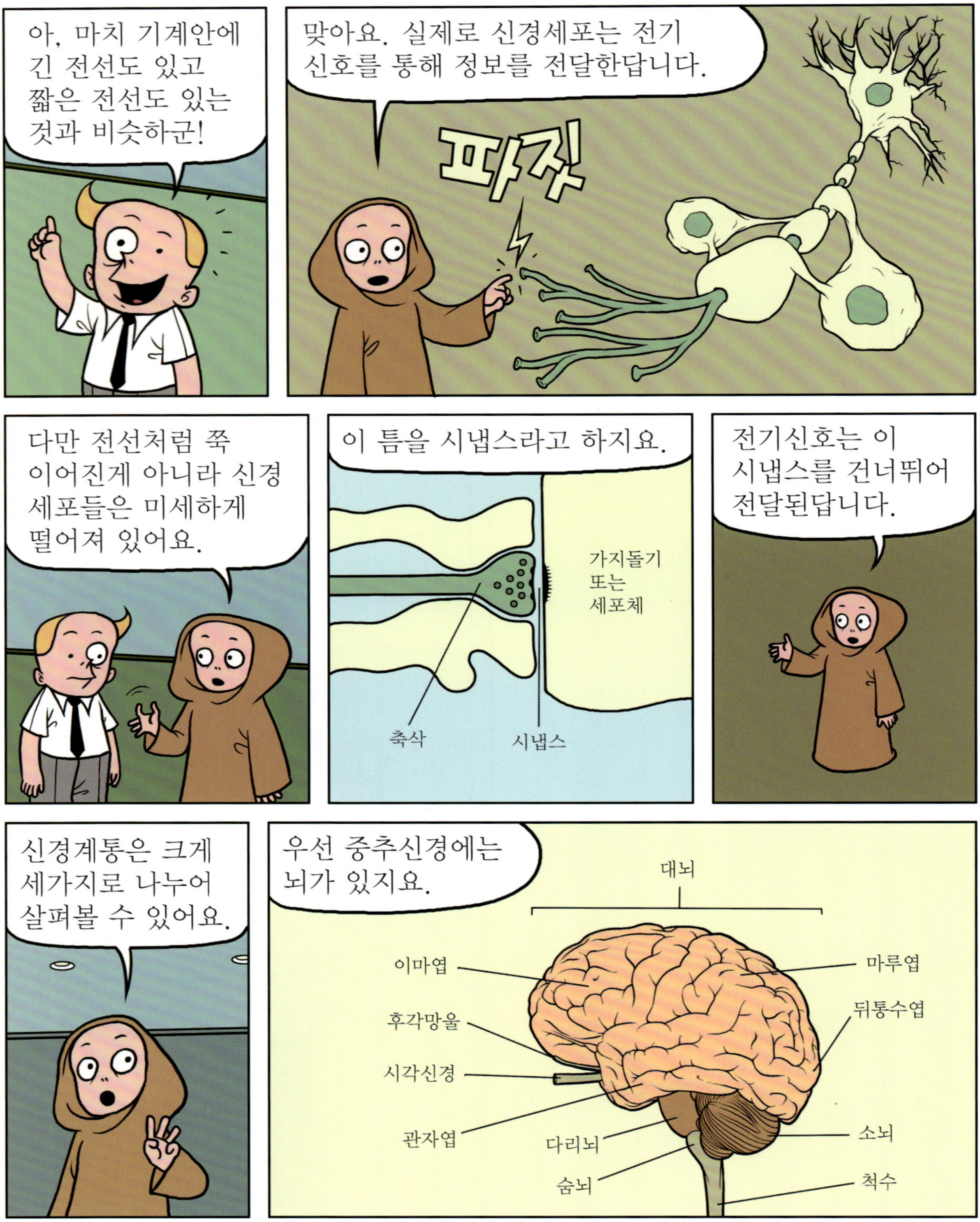
아, 마치 기계안에 긴 전선도 있고 짧은 전선도 있는 것과 비슷하군!
맞아요. 실제로 신경세포는 전기 신호를 통해 정보를 전달한답니다.
파직
다만 전선처럼 쭉 이어진게 아니라 신경 세포들은 미세하게 떨어져 있어요.
이 틈을 시냅스라고 하지요.
가지돌기 또는 세포체
축삭
시냅스
전기신호는 이 시냅스를 건너뛰어 전달된답니다.
신경계통은 크게 세가지로 나누어 살펴볼 수 있어요.
우선 중추신경에는 뇌가 있지요.
대뇌
이마엽
마루엽
후각망울
뒤통수엽
시각신경
관자엽
다리뇌
소뇌
숨뇌
척수

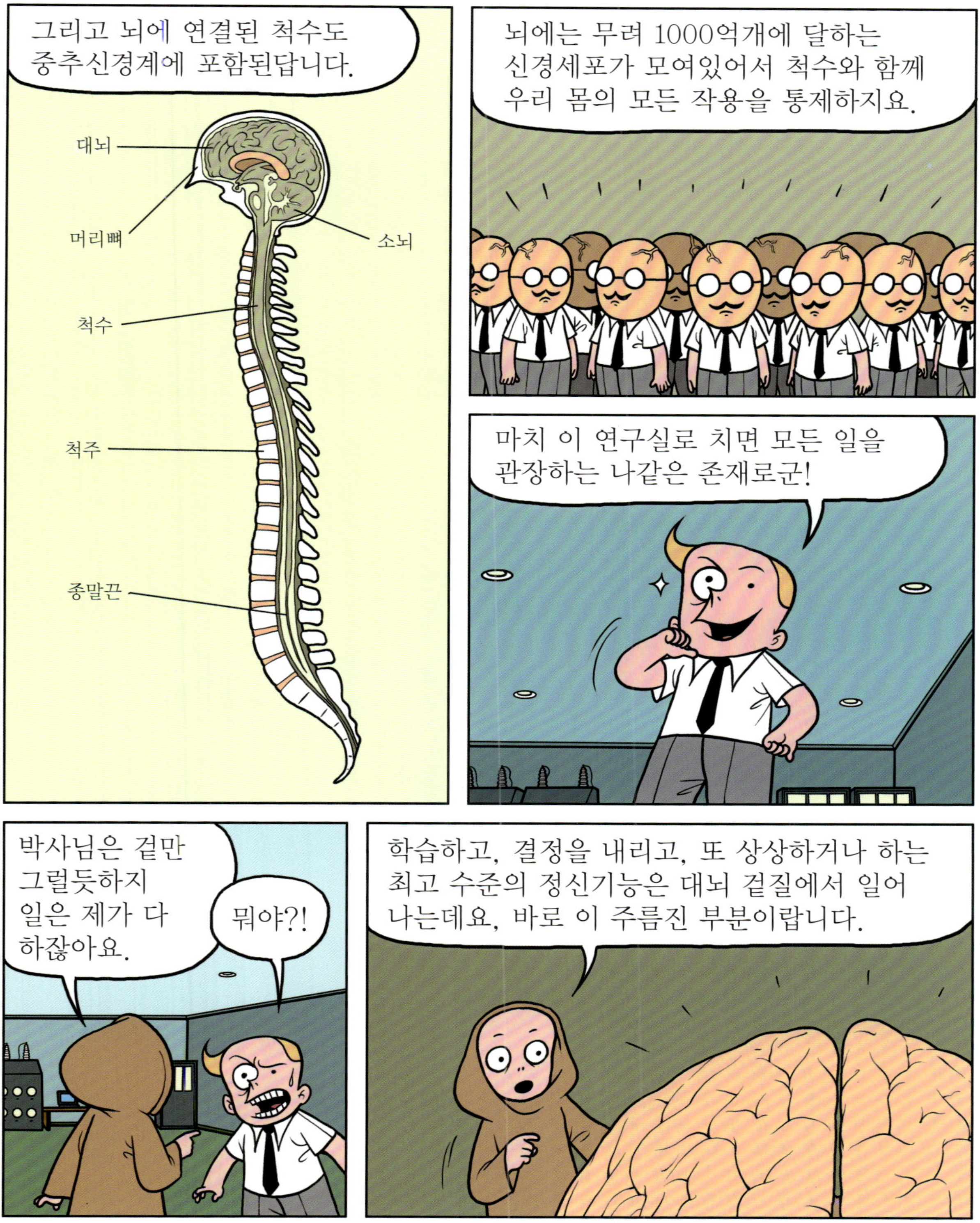
그리고 뇌에 연결된 척수도
중추신경계에 포함된답니다.
대뇌
머리뼈
소뇌
척수
척주
종말끈
뇌에는 무려 1000억개에 달하는
신경세포가 모여있어서 척수와 함께
우리 몸의 모든 작용을 통제하지요.
마치 이 연구실로 치면 모든 일을
관장하는 나같은 존재로군!
박사님은 겉만
그럴듯하지
일은 제가 다
하잖아요.
뭐야?!
학습하고, 결정을 내리고, 또 상상하거나 하는
최고 수준의 정신기능은 대뇌 겉질에서 일어
나는데요, 바로 이 주름진 부분이랍니다.

대뇌는 좌측뇌와 우측뇌로 나뉘어져 있는데요,
좌반구
우반구
좌반구는 분석적이고 논리적인 반면에, 우반구는 아이디어와 창의성에 강하답니다.
그렇다면 나는 분명 좌우가 다 발달한 천재로군!
그렇게 착각하실 수 있는 것도 다 대뇌 덕분이에요.
간단히 대뇌의 기능을 살펴보면 다음과 같답니다.
브로카 영역: 말하기 및 조음을 담당하는 부분.
운동겉질: 의도적으로 몸을 움직이는 수의운동 과정을 담당하는 부분.
몸감각겉질: 주로 피부에서 느끼는 촉각과 통증 담당.
청각겉질: 귀로 들리는 소리정보 처리.
베르니케 영역: 말의 이해를 담당하는 영역.
게쉬윈드 영역: 베르니케 영역과 브로카 영역을 연결한다.
시각겉질: 눈으로 본 시각정보를 담당한다.

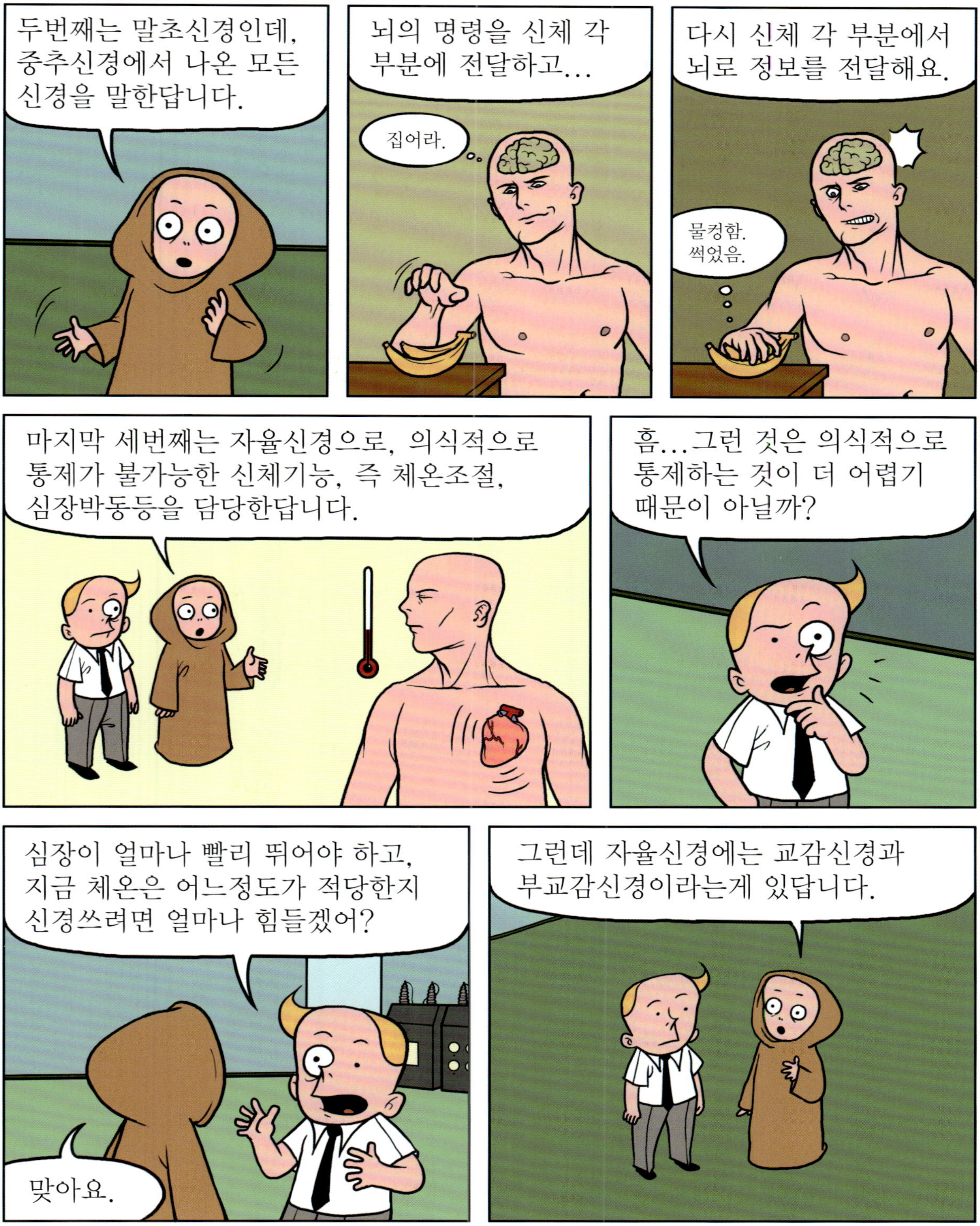
두번째는 말초신경인데, 중추신경에서 나온 모든 신경을 말한답니다.
뇌의 명령을 신체 각 부분에 전달하고…
집어라.
다시 신체 각 부분에서 뇌로 정보를 전달해요.
물컹함. 썩었음.
마지막 세번째는 자율신경으로, 의식적으로 통제가 불가능한 신체기능, 즉 체온조절, 심장박동등을 담당한답니다.
흠…그런 것은 의식적으로 통제하는 것이 더 어렵기 때문이 아닐까?
심장이 얼마나 빨리 뛰어야 하고, 지금 체온은 어느정도가 적당한지 신경쓰려면 얼마나 힘들겠어?
맞아요.
그런데 자율신경에는 교감신경과 부교감신경이라는게 있답니다.

교감신경은 주로 신체를 자극하는 반응을 일으켜요.
반대로 부교감신경은 신체 반응을 진정시킨답니다.
따라서 서로 그 기능이 정반대랍니다. 그중 몇가지만 살펴보면 다음과 같아요.
교감신경계통
눈물 분비 억제
동공 확장
침 분비 억제
기도 확장
심장박동 촉진
소화관운동 억제
배뇨억제
부교감신경계통
눈물 분비 자극
동공수축
침 분비 자극
기도수축
심장박동 억제
소화관운동 촉진
배뇨유발
이렇게 교감신경과 부교감신경은 서로 밀고 당기면서 신체의 평형을 유지하는 것이죠.
마치 우리가 티격태격하면서 이 연구소를 이끌어 나가는 것과 같은 원리로군!

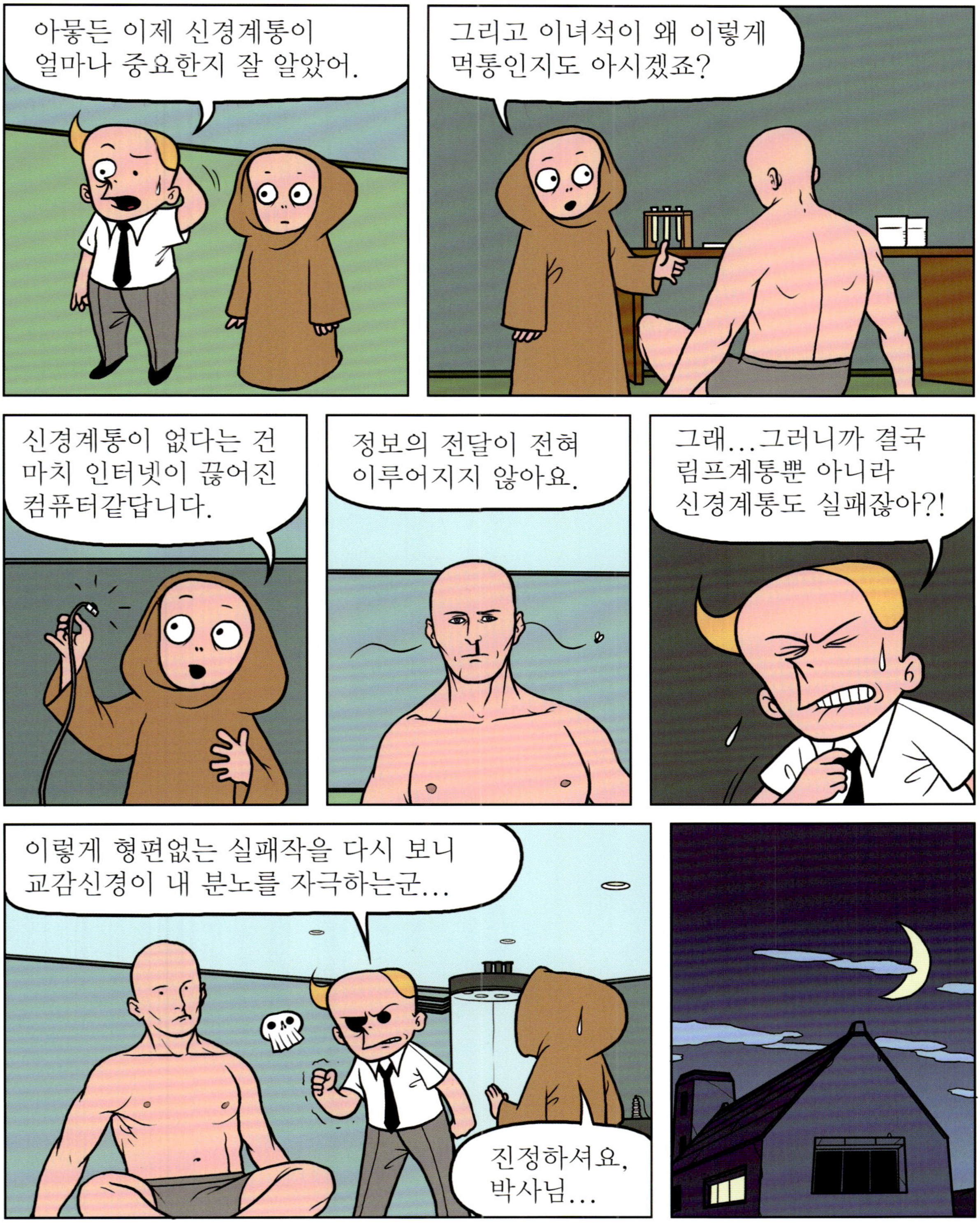
아뭏든 이제 신경계통이
얼마나 중요한지 잘 알았어.
그리고 이녀석이 왜 이렇게
먹통인지도 아시겠죠?
신경계통이 없다는 건
마치 인터넷이 끊어진
컴퓨터같답니다.
정보의 전달이 전혀
이루어지지 않아요.
그래...그러니까 결국
림프계통뿐 아니라
신경계통도 실패잖아?!
이렇게 형편없는 실패작을 다시 보니
교감신경이 내 분노를 자극하는군...
진정하셔요,
박사님...

제 10 장
감각기관

좋아, 이제 신경계통도
잘 알아보았으니 다시
작업을 시작해 볼까?
잠깐만요,
박사님.
또 뭐야?
그전에 신경계통에
연결된 감각기관도 좀
확인해 보는게 어때요?
감각기관은 이미
잘 만들어 놨어.
어디 박사님
말씀을 통 믿을
수가 있어야죠.
나같은 천재를
못 믿겠다니...
얼마든지 확인해 보라구!
내 천재성에 감탄만 하게
될게 뻔하니까!
이미 박사님의 허풍에는
충분히 감탄하고 있어요...

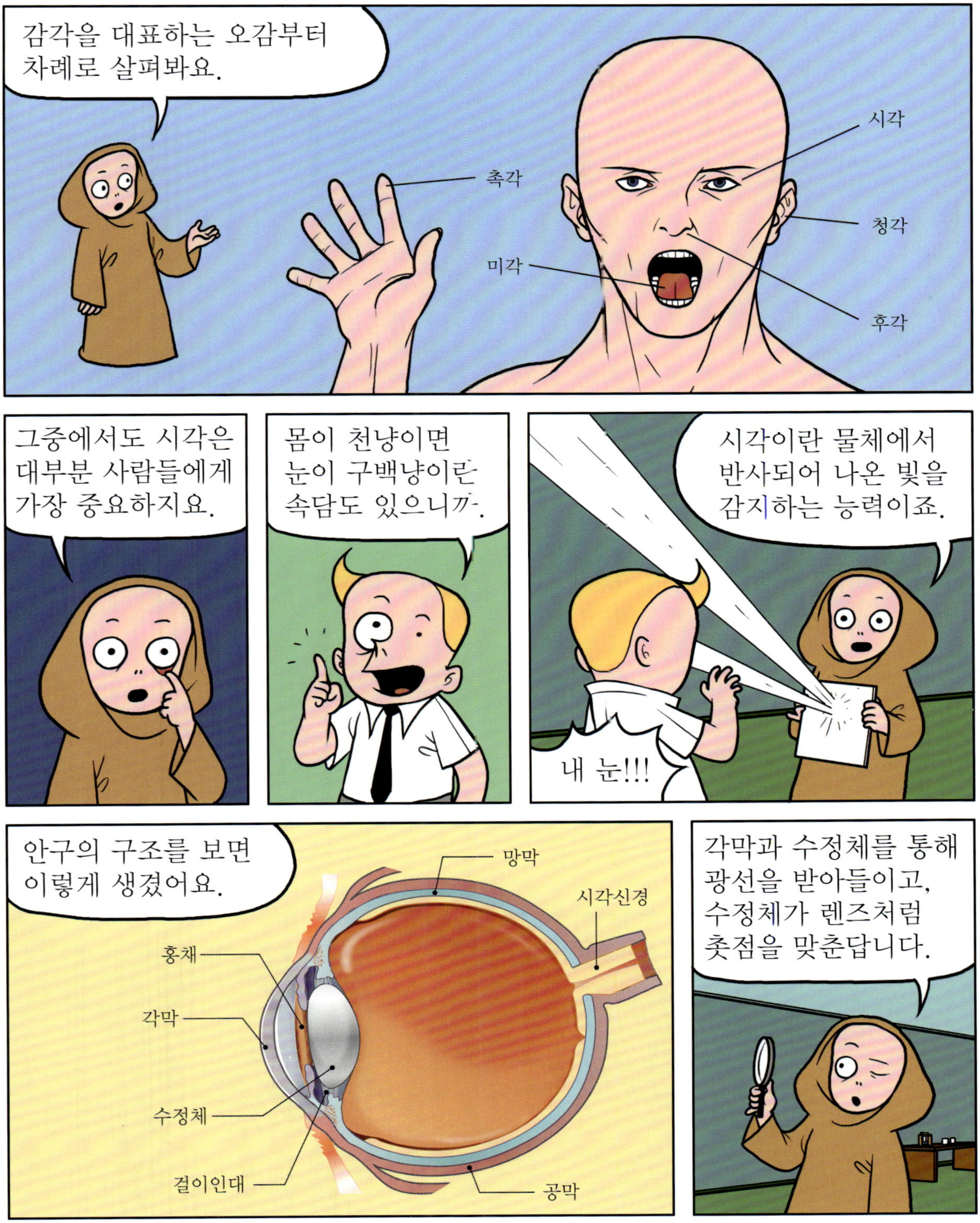
감각을 대표하는 오감부터
차례로 살펴봐요.
시각
촉각
청각
미각
후각
그중에서도 시각은
대부분 사람들에게
가장 중요하지요.
몸이 천냥이면
눈이 구백냥이란
속담도 있으니까.
시각이란 물체에서
반사되어 나온 빛을
감지하는 능력이죠.
내 눈!!!
안구의 구조를 보면
이렇게 생겼어요.
망막
시각신경
홍채
각막
수정체
걸이인대
공막
각막과 수정체를 통해
광선을 받아들이고,
수정체가 렌즈처럼
촛점을 맞춘답니다.

안구의 구조는 알겠는데, 어떻게 빛이 눈 안으로 들어오는거지?
말씀드렸다시피 모든 물체는 빛을 반사해요.
그것 좀 그만해!!
그런데 빛에는 여러 다른 색깔의 파장이 섞여있죠.
그리고 각각의 물체는 특성상 서로 다른 색의 파장을 반사한답니다.
빛
빨강
빛
초록
아하, 사과가 빨간 이유는 빨간색 파장을 반사하기 때문이었군!
네, 나뭇잎은 초록색을 반사하구요.
이렇게 반사된 빛은 눈으로 들어와서 망막에 영상으로 맺힌답니다.
물체에서 반사된 광선
그런데 망막에 맺힌 영상은 거꾸로 되어있군?
네.

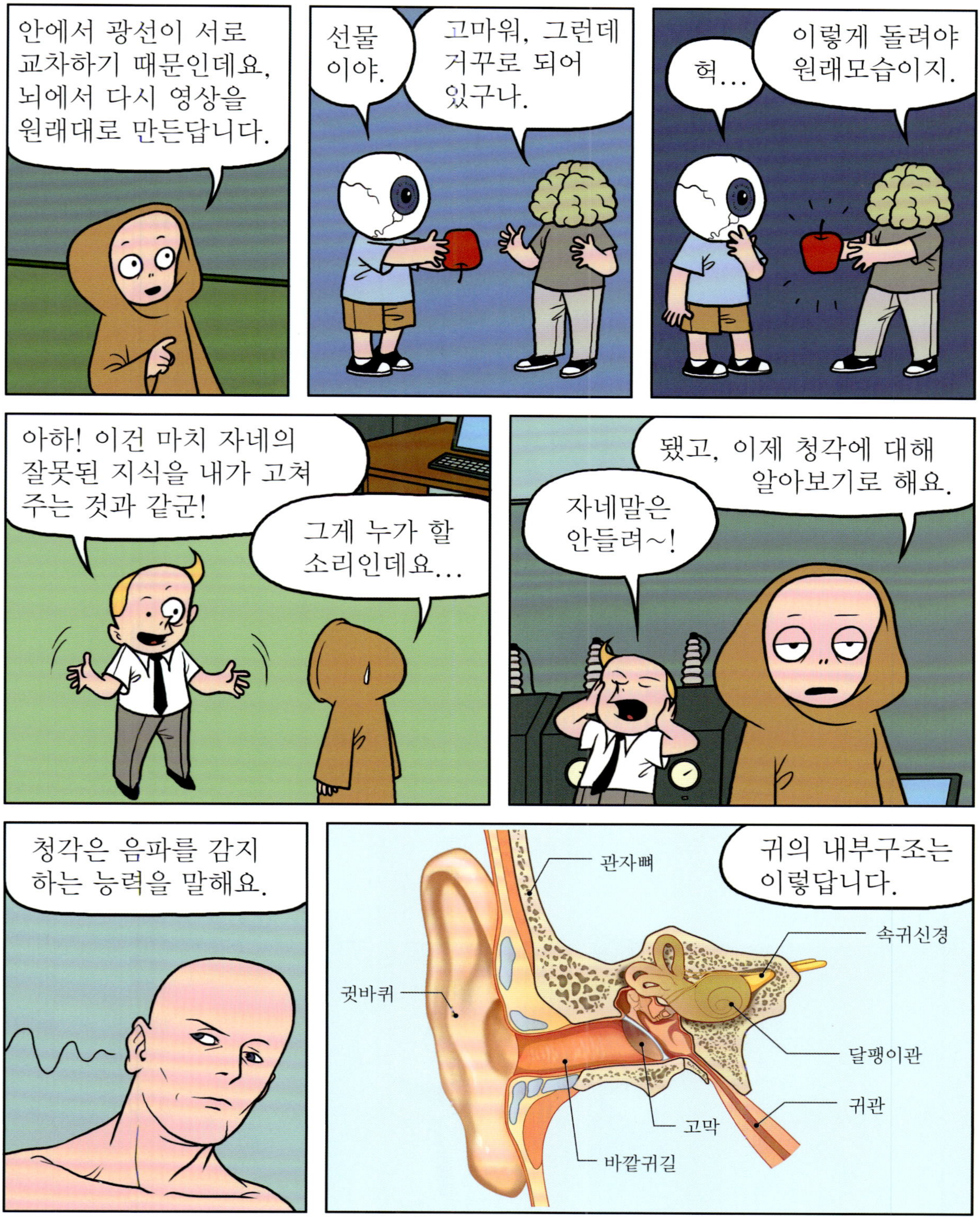
안에서 광선이 서로 교차하기 때문인데요, 뇌에서 다시 영상을 원래대로 만든답니다.
선물이야.
고마워, 그런데 거꾸로 되어 있구나.
헉...
이렇게 돌려야 원래모습이지.
아하! 이건 마치 자네의 잘못된 지식을 내가 고쳐 주는 것과 같군!
그게 누가 할 소리인데요...
됐고, 이제 청각에 대해 알아보기로 해요.
자네말은 안들려~!
청각은 음파를 감지 하는 능력을 말해요.
귀의 내부구조는 이렇답니다.
관자뼈
속귀신경
귓바퀴
달팽이관
귀관
고막
바깥귀길

음파라는 것은 쉽게 말해 공기의 진동이에요.
이 공기의 진동이 바깥귀길을 통해 들어와서 고막을 진동시킨답니다.
고막
고막은 진동을 받아서 가운데귀의 뼈들에게 전달하지요.
모루뼈
망치뼈
등자뼈
안뜰창
그리고 가운데귀의 뼈들이 안뜰창을 통해서 달팽이에 진동을 전달해요.
속귀신경
달팽이
바로 이 달팽이에서 진동은 신경신호로 바뀌어서 뇌로 보내지는 거랍니다.
여기서 달팽이는 달팽이처럼 생겨서 붙여진 이름이지!
그런 당연한 걸로 아는 척 하지 마셔요…

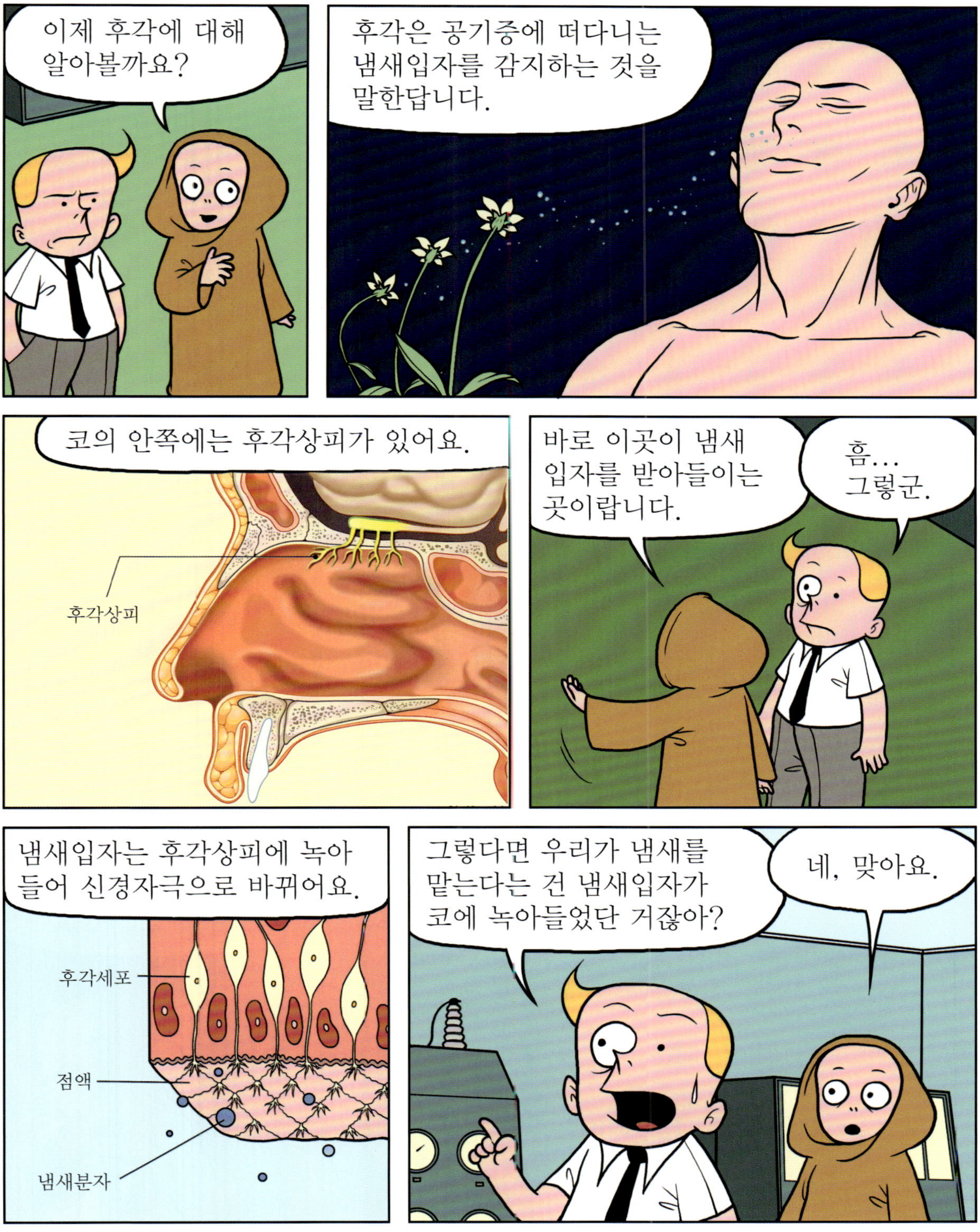
이제 후각에 대해
알아볼까요?
후각은 공기중에 떠다니는
냄새입자를 감지하는 것을
말한답니다.
코의 안쪽에는 후각상피가 있어요.
후각상피
바로 이곳이 냄새
입자를 받아들이는
곳이랍니다.
흠…
그렇군.
냄새입자는 후각상피에 녹아
들어 신경자극으로 바뀌어요.
후각세포
점액
냄새분자
그렇다면 우리가 냄새를
맡는다는 건 냄새입자가
코에 녹아들었단 거잖아?
네, 맞아요.

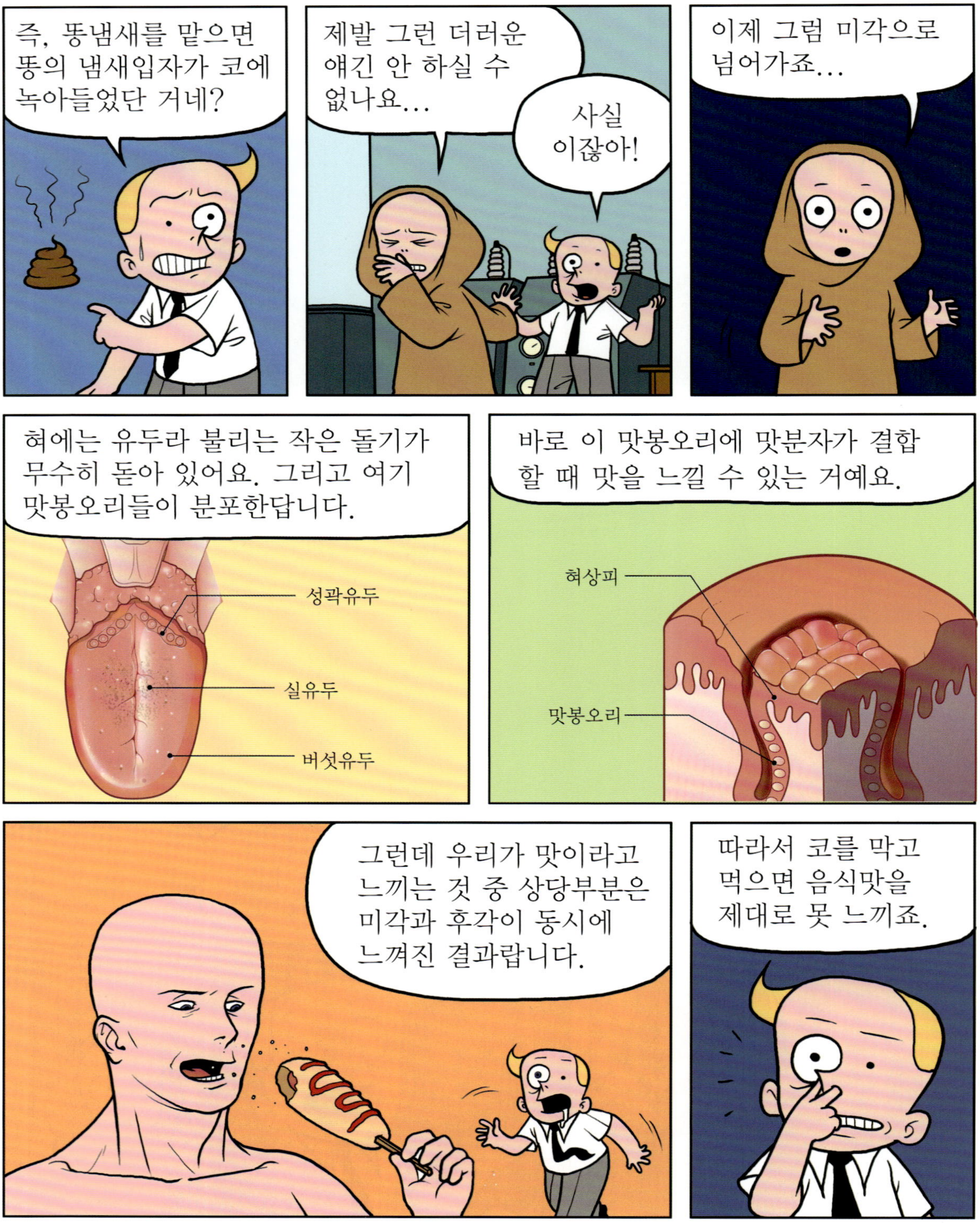
즉, 똥냄새를 맡으면 똥의 냄새입자가 코에 녹아들었단 거네?
제발 그런 더러운 얘긴 안 하실 수 없나요…
사실 이잖아!
이제 그럼 미각으로 넘어가죠…
혀에는 유두라 불리는 작은 돌기가 무수히 돋아 있어요. 그리고 여기 맛봉오리들이 분포한답니다.
성곽유두
실유두
버섯유두
바로 이 맛봉오리에 맛분자가 결합할 때 맛을 느낄 수 있는 거예요.
혀상피
맛봉오리
그런데 우리가 맛이라고 느끼는 것 중 상당부분은 미각과 후각이 동시에 느껴진 결과랍니다.
따라서 코를 막고 먹으면 음식맛을 제대로 못 느끼죠.

예를 들어 급식에서 몸에 좋지만 맛없는 반찬이 나왔을때...
그리고 선생님께서 음식 남기면 혼난다고 말씀하신다면...
코를 살짝 막고 먹는 것도 한 방법이겠죠!
하하! 나같은 사람은 절대미각이 있어서 코를 막든 귀를막든 다 정확히 맛을 느낄 수 있다구!
그러신 분이 전에 실험실에 있던 식초를 주스인줄 알고 드셨군요..
그, 그건... 그런데 식초가 왜 주스잔에 담겨 있었던 거지?? 혹시 자네 뭐 아는 거 있나?
전 전혀 모르는 일인데요...
수상해!!

다음은 촉각인데요, 피부 상피세포 아래에는 감각 수용기들이 분포하고 있답니다.
털
표피 표면
촉각 감지 장치
따라서 온도,
통증,
압력 등을 느낄 수 있죠.
특히 손 끝에는 수용기가 더 많이 분포해서 민감해요.
덕분에 눈이 안보이는 시각장애인들도 손으로 점자를 읽을 수 있답니다.
이렇게 해서 오감을 모두 살펴 보았네요.
잠깐!
사람에겐 오감 외에 육감이란게 있단 말이지!
그리고 내 육감은 자네가 바로 주스컵에 식초를 담은 범인이라고 말하고 있어!!
전 모르는 일이래두요...

제 11 장
생식계통

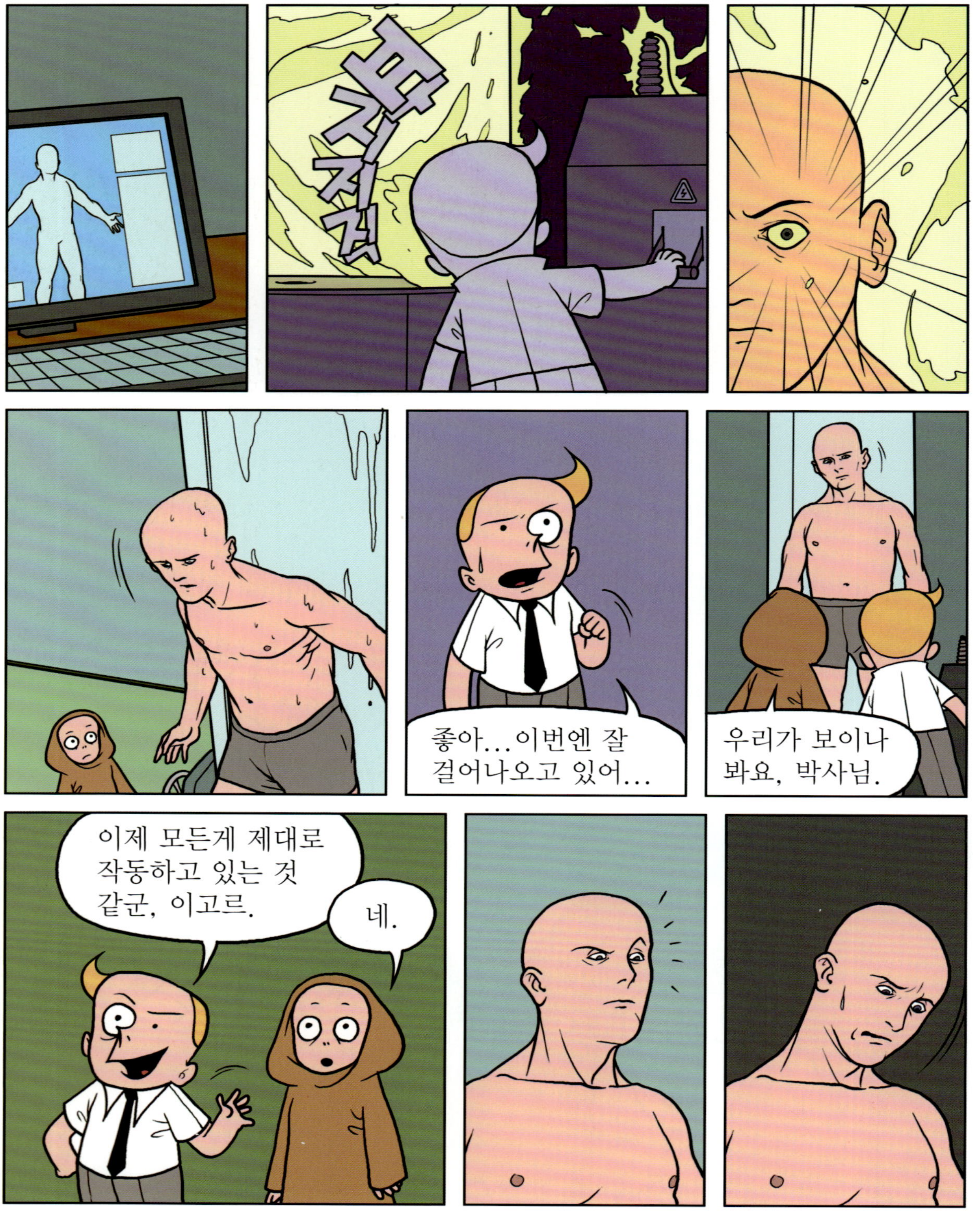
파지지직
좋아… 이번엔 잘 걸어나오고 있어…
우리가 보이나 봐요, 박사님.
이제 모든게 제대로 작동하고 있는 것 같군, 이고르.
네.

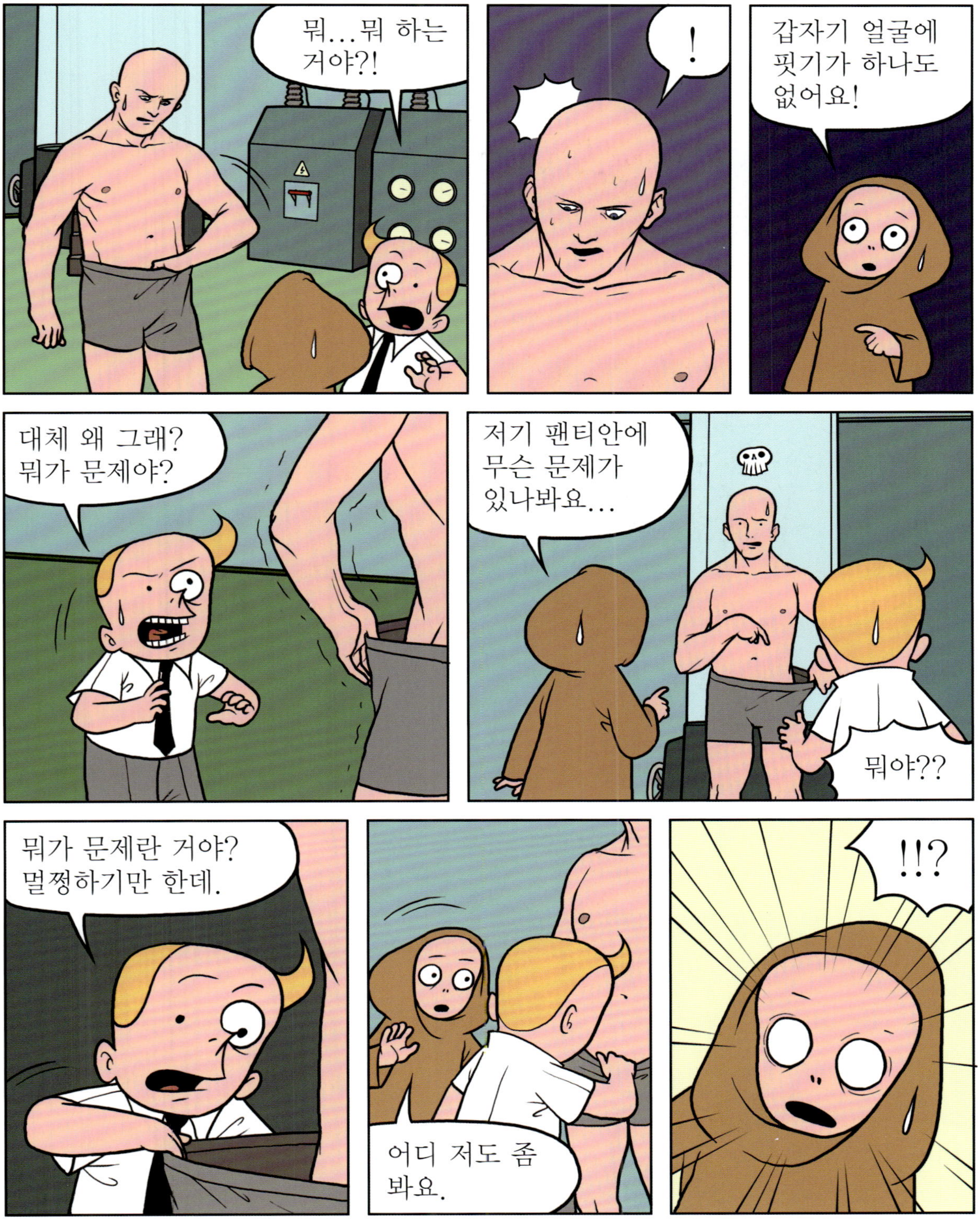
뭐…뭐 하는 거야?!
!
갑자기 얼굴에 핏기가 하나도 없어요!
대체 왜 그래? 뭐가 문제야?
저기 팬티안에 무슨 문제가 있나봐요…
뭐야??
뭐가 문제란 거야? 멀쩡하기만 한데.
어디 저도 좀 봐요.
!!?

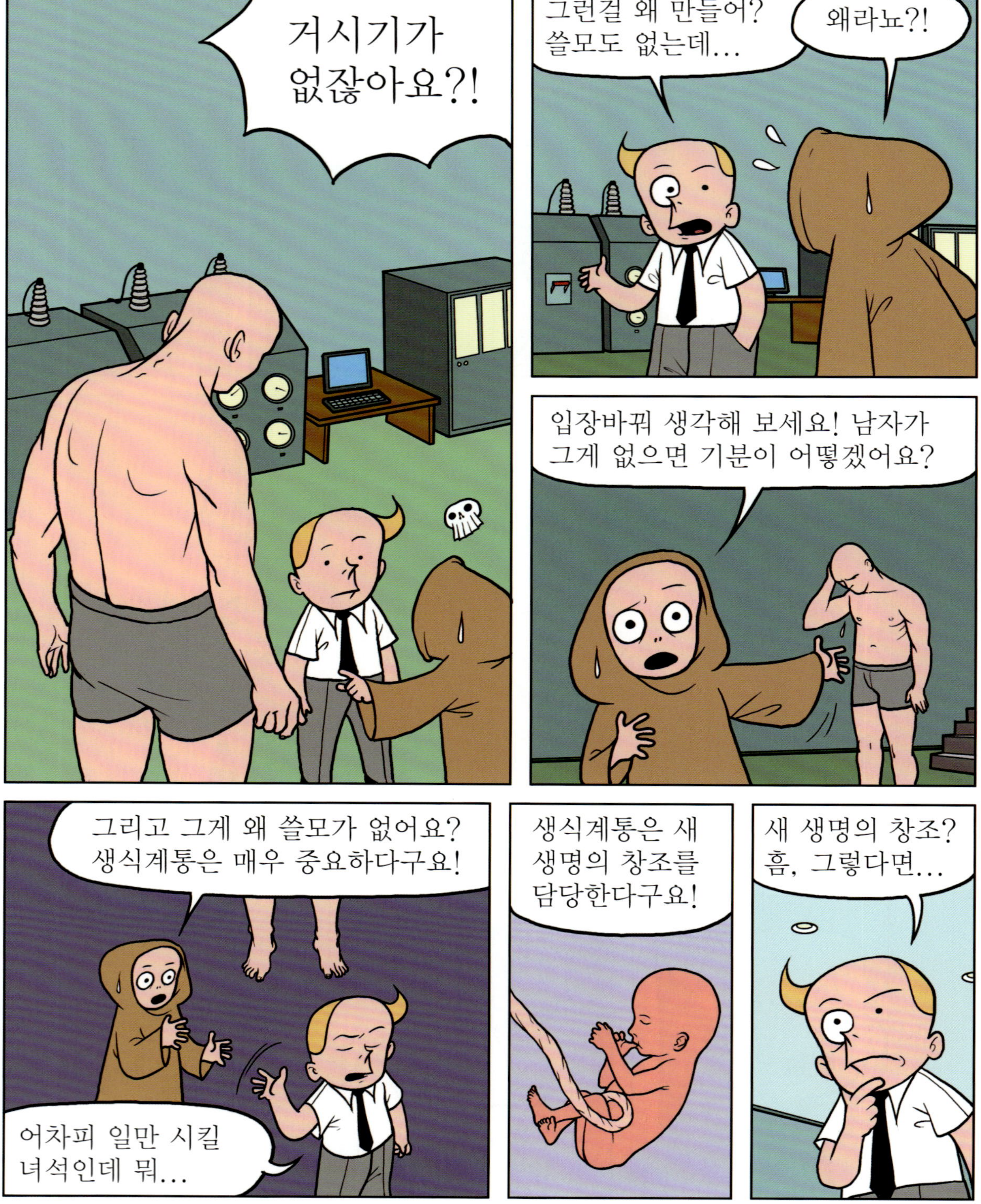
거시기가
없잖아요?!
그런걸 왜 만들어?
쓸모도 없는데…
왜라뇨?!
입장바꿔 생각해 보세요! 남자가
그게 없으면 기분이 어떻겠어요?
그리고 그게 왜 쓸모가 없어요?
생식계통은 매우 중요하다구요!
어차피 일만 시킬
녀석인데 뭐…
생식계통은 새
생명의 창조를
담당한다구요!
새 생명의 창조?
흠, 그렇다면…

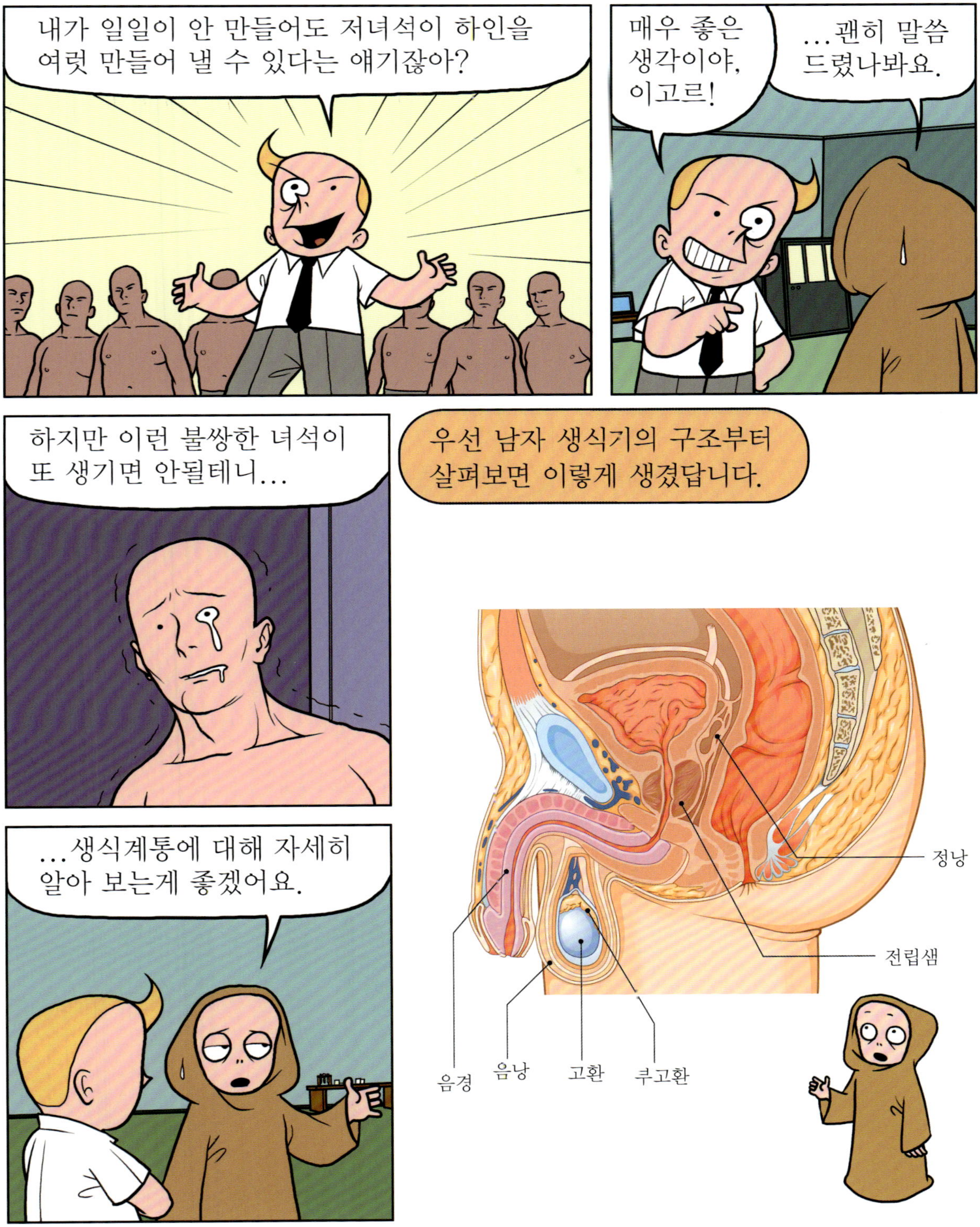

내가 일일이 안 만들어도 저녀석이 하인을 여럿 만들어 낼 수 있다는 얘기잖아?
매우 좋은 생각이야, 이고르!
...괜히 말씀 드렸나봐요.
하지만 이런 불쌍한 녀석이 또 생기면 안될테니...
...생식계통에 대해 자세히 알아 보는게 좋겠어요.
우선 남자 생식기의 구조부터 살펴보면 이렇게 생겼답니다.
정낭
전립샘
음경
음낭
고환
부고환

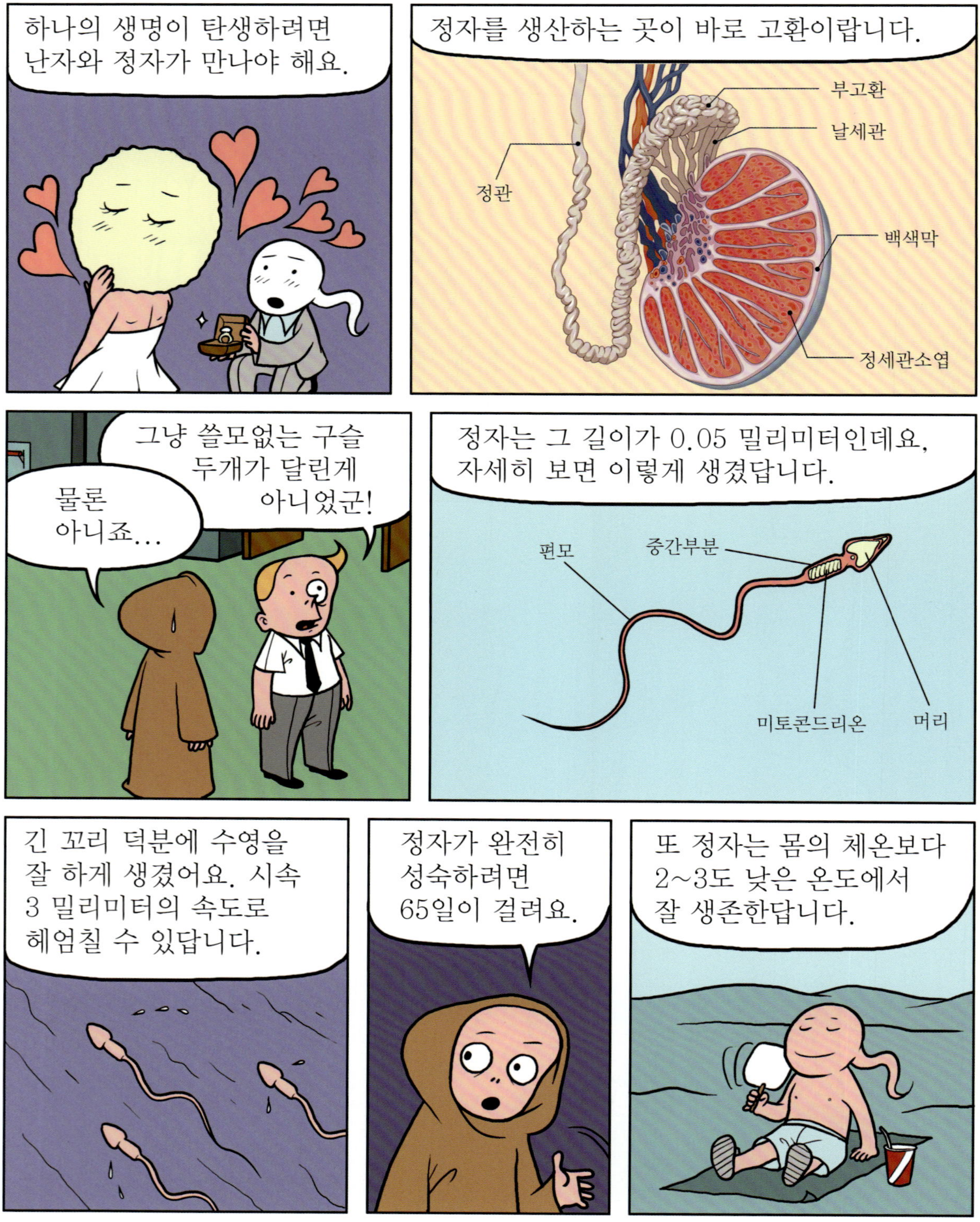

하나의 생명이 탄생하려면 난자와 정자가 만나야 해요.
정자를 생산하는 곳이 바로 고환이랍니다.
부고환
날세관
정관
백색막
정세관소엽
그냥 쓸모없는 구슬 두개가 달린게 아니었군!
물론 아니죠...
정자는 그 길이가 0.05 밀리미터인데요, 자세히 보면 이렇게 생겼답니다.
편모
중간부분
미토콘드리온
머리
긴 꼬리 덕분에 수영을 잘 하게 생겼어요. 시속 3 밀리미터의 속도로 헤엄칠 수 있답니다.
정자가 완전히 성숙하려면 65일이 걸려요.
또 정자는 몸의 체온보다 2~3도 낮은 온도에서 잘 생존한답니다.

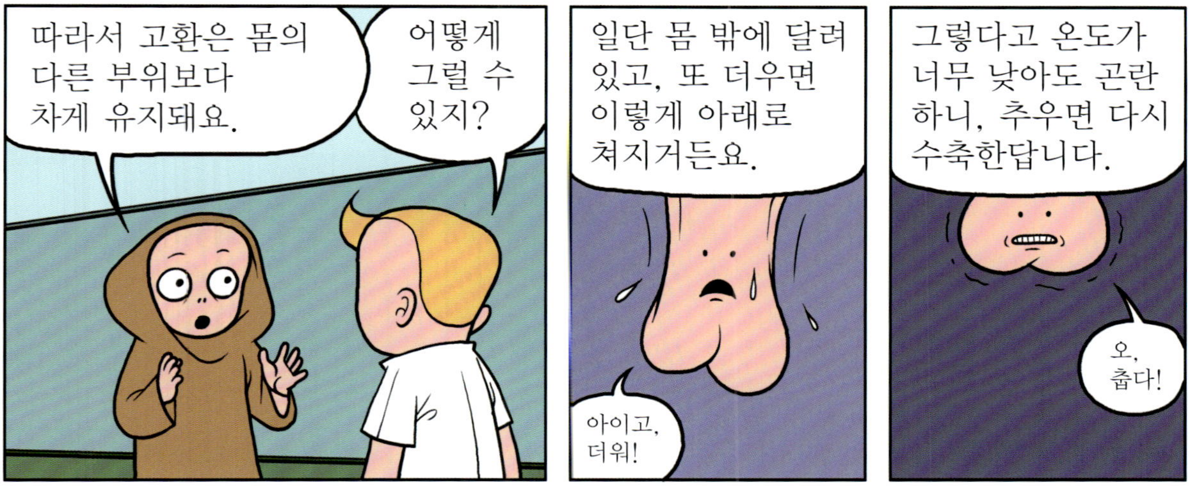
따라서 고환은 몸의 다른 부위보다 차게 유지돼요.
어떻게 그럴 수 있지?
일단 몸 밖에 달려 있고, 또 더우면 이렇게 아래로 쳐지거든요.
아이고, 더워!
그렇다고 온도가 너무 낮아도 곤란하니, 추우면 다시 수축한답니다.
오, 춥다!

이런 식으로 고환은 평생 최대 12조개의 정자를 만들어요.
헉!
이제 그럼 여성의 생식계통에 대해 알아보기로 할까요?

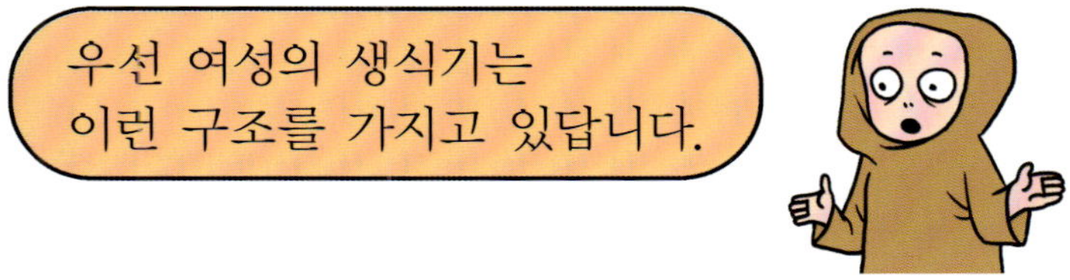
우선 여성의 생식기는 이런 구조를 가지고 있답니다.

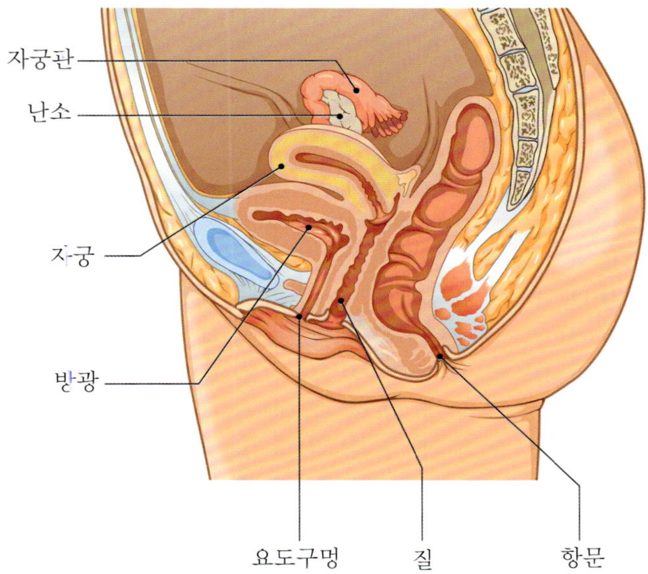
자궁관
난소
자궁
방광
요도구멍
질
항문

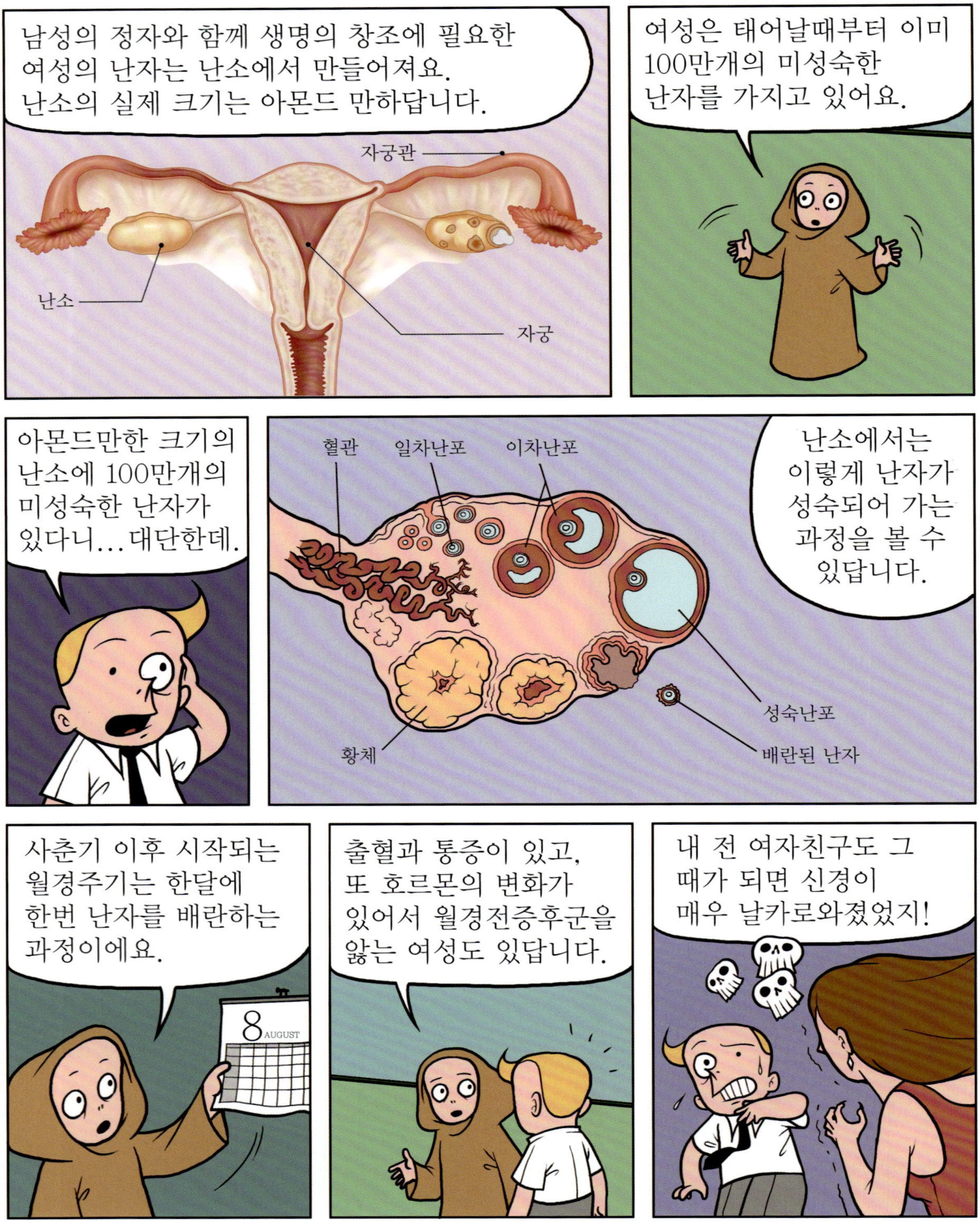
남성의 정자와 함께 생명의 창조에 필요한 여성의 난자는 난소에서 만들어져요. 난소의 실제 크기는 아몬드 만하답니다.
자궁관
난소
자궁
여성은 태어날때부터 이미 100만개의 미성숙한 난자를 가지고 있어요.
아몬드만한 크기의 난소에 100만개의 미성숙한 난자가 있다니... 대단한데.
혈관
일차난포
이차난포
성숙난포
황체
배란된 난자
난소에서는 이렇게 난자가 성숙되어 가는 과정을 볼 수 있답니다.
사춘기 이후 시작되는 월경주기는 한달에 한번 난자를 배란하는 과정이에요.
8 AUGUST
출혈과 통증이 있고, 또 호르몬의 변화가 있어서 월경전증후군을 앓는 여성도 있답니다.
내 전 여자친구도 그 때가 되면 신경이 매우 날카로와졌었지!

그건 월경전증후군이 아니라 박사님때문에 짜증이 난 거예요.
뭘 안다고 그래!!!
어쨌든... 월경이 시작된 후 14일 경에 배란이 된답니다.
배란된 난자
이때 나온 난자와 남성의 정자가 만나는 것을 수정이라고 하는데요, 새로운 생명 탄생의 시작이랍니다.
그런데 난자는 하나인 반면...
...정자는 1~5억 마리가 배출된답니다.
따라서 엄청난 경쟁을 뚫어야 수정에 성공할 수 있어요!

때문에 생명을 가지고 태어난 우리는 모두 매우 특별한 존재예요.
물론 예외도 있는 듯 하지만요...
왜 날 보면서 그런 말을 하지?!
내가 얼마나 빠르다구! 저기 연구실 밖 복도까지 경주해 볼까?
유치하게 어른이 무슨 경주예요...
질까봐 그러지?
아니에요!
그럼 출발!
그건 부정출발 이잖아요!!

제 12 장
소화계통

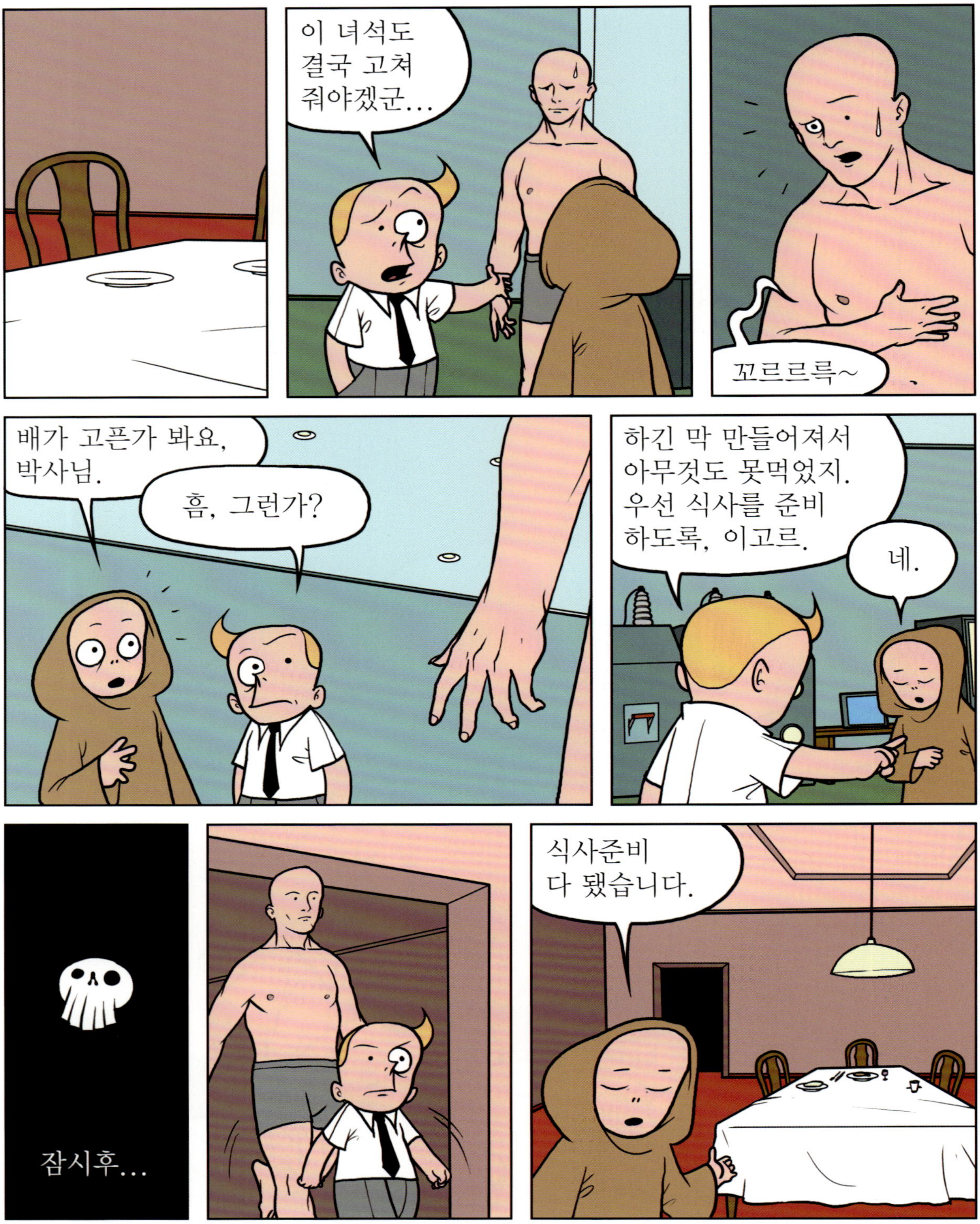
이 녀석도 결국 고쳐 줘야겠군…
꼬르르륵~
배가 고픈가 봐요, 박사님.
흠, 그런가?
하긴 막 만들어져서 아무것도 못먹었지. 우선 식사를 준비 하도록, 이고르.
네.
잠시후…
식사준비 다 됐습니다.

두둥
컵라면
안심 스테이크
햄 샌드위치
음! 잘 준비해 놨군, 이고르.
컵라면이라! 웬일로 오늘은 자네 센스가 돋보이는 군.
이런 녀석에겐 컵라면이면 되지!
그게, 컵라면이 박사님 겁니다.
와구와구
배고팠지? 많이 먹어!

하! 즐길수 있을때
즐기라구! 어차피
마지막 식사니까.
일하는 녀석이 밥만
축내면 곤란하잖아,
먹고 또 먹고!
그래서 한끼 식사가
계속 유지되도록 소화
기관을 만들지 않았지!
...소화기관을 안
만드셨다구요??
하하! 역시 난 천재아닌가?
이제 다 먹었으면 가서
일하라구, 청소부터 시작해!
뭐야, 표정이 굳었군,
불만이라도 있나?

우웨에에에엑
......
...... !
...... !
우웨에에에엑

이런 고얀 녀석이 있나, 그 비싼걸 먹고 다 토해? 그것도 나한테?!
그게 다 누구 잘못인데요…
뭐야?!
어떻게 그런 바보같은 생각을 하셨는지 모르겠네요, 박사님.
소화기관이 없으면 먹은 음식이 영양분으로 흡수되지 않아 몸에 아무런 도움이 될 수 없어요.
그 얘기는 즉…
…이번에도 역시 실패하신 거죠.
에구, 스트레스는 소화기능을 더 떨어트린답니다.

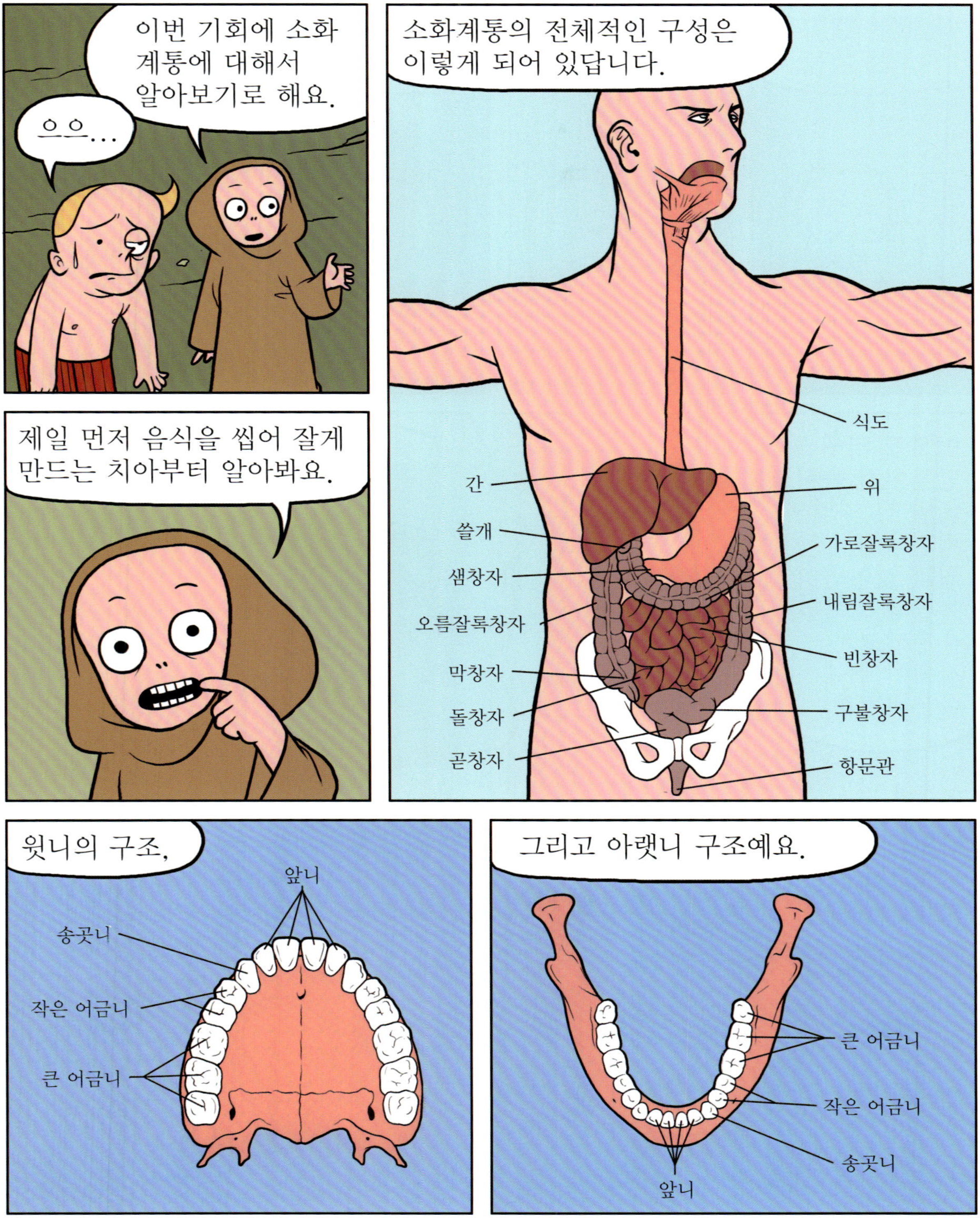
이번 기회에 소화 계통에 대해서 알아보기로 해요.
으으…
소화계통의 전체적인 구성은 이렇게 되어 있답니다.
식도
간
위
쓸개
가로잘록창자
샘창자
내림잘록창자
오름잘록창자
빈창자
막창자
구불창자
돌창자
곧창자
항문관
제일 먼저 음식을 씹어 잘게 만드는 치아부터 알아봐요.
윗니의 구조,
앞니
송곳니
작은 어금니
큰 어금니
그리고 아랫니 구조예요.
큰 어금니
작은 어금니
송곳니
앞니

앞니는 뜯고 자르는 기능,
송곳니는 잡고 찢는 기능,
작은 어금니는 으깨는 기능
큰 어금니는 갈아 부수는 기능을 한답니다.
이빨에 의해 잘게 만들어진 음식물은 혀밑샘, 귀밑샘, 턱밑샘에서 나온 침과 섞이면서 녹말의 소화가 촉진되고 삼키기 쉽게 만들어져요.
혀
귀밑샘
혀밑샘
턱밑샘
참고로 하루에 무려 1.5리터의 침이 분비돼요.
웩.
이렇게 죽같이 된 음식물은 식도를 타고 위로 내려간답니다. 좀 구역질 나죠?

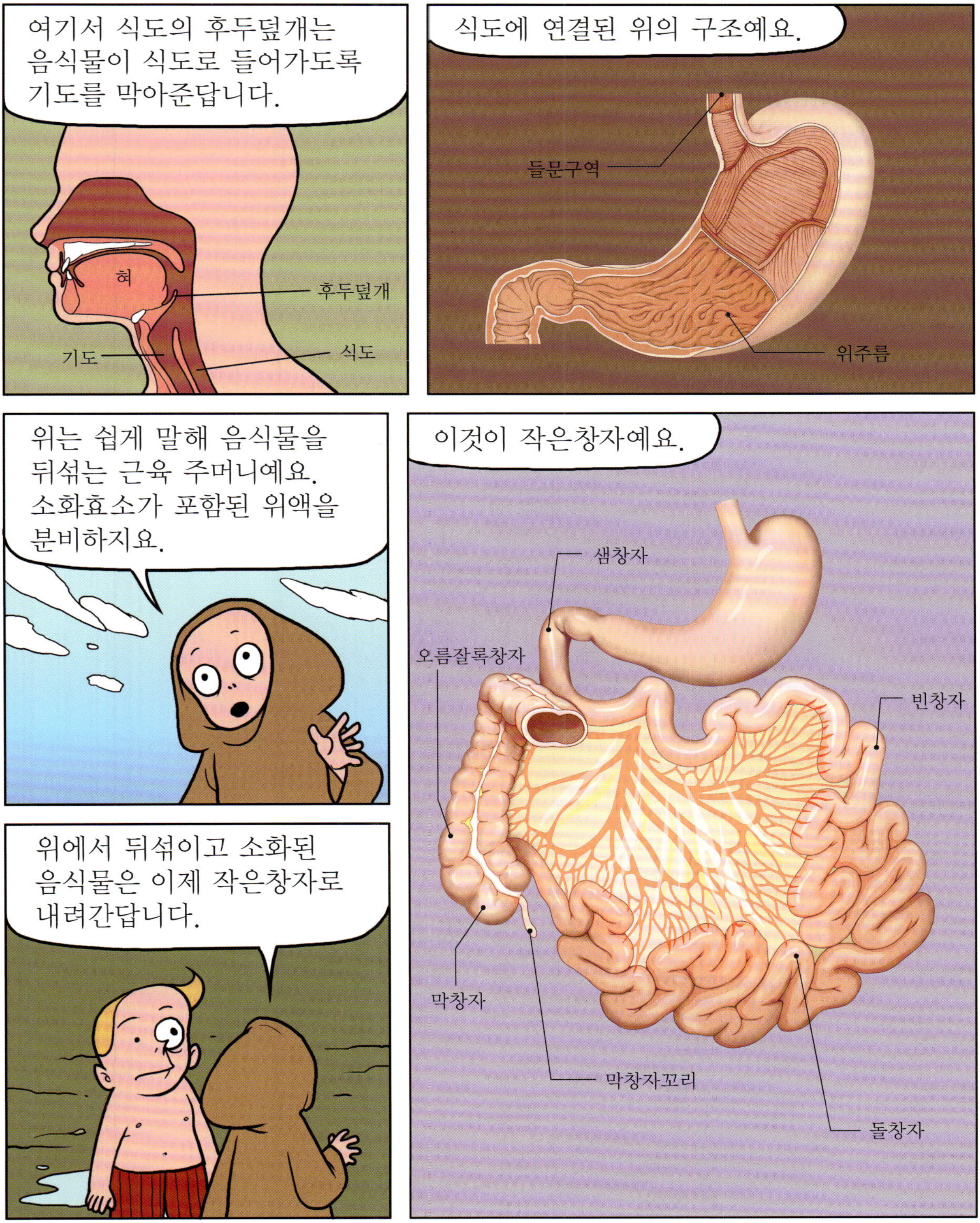
여기서 식도의 후두덮개는 음식물이 식도로 들어가도록 기도를 막아준답니다.
혀
후두덮개
기도
식도
식도에 연결된 위의 구조예요.
들문구역
위주름
위는 쉽게 말해 음식물을 뒤섞는 근육 주머니예요. 소화효소가 포함된 위액을 분비하지요.
이것이 작은창자예요.
샘창자
오름잘록창자
빈창자
막창자
막창자꼬리
돌창자
위에서 뒤섞이고 소화된 음식물은 이제 작은창자로 내려간답니다.

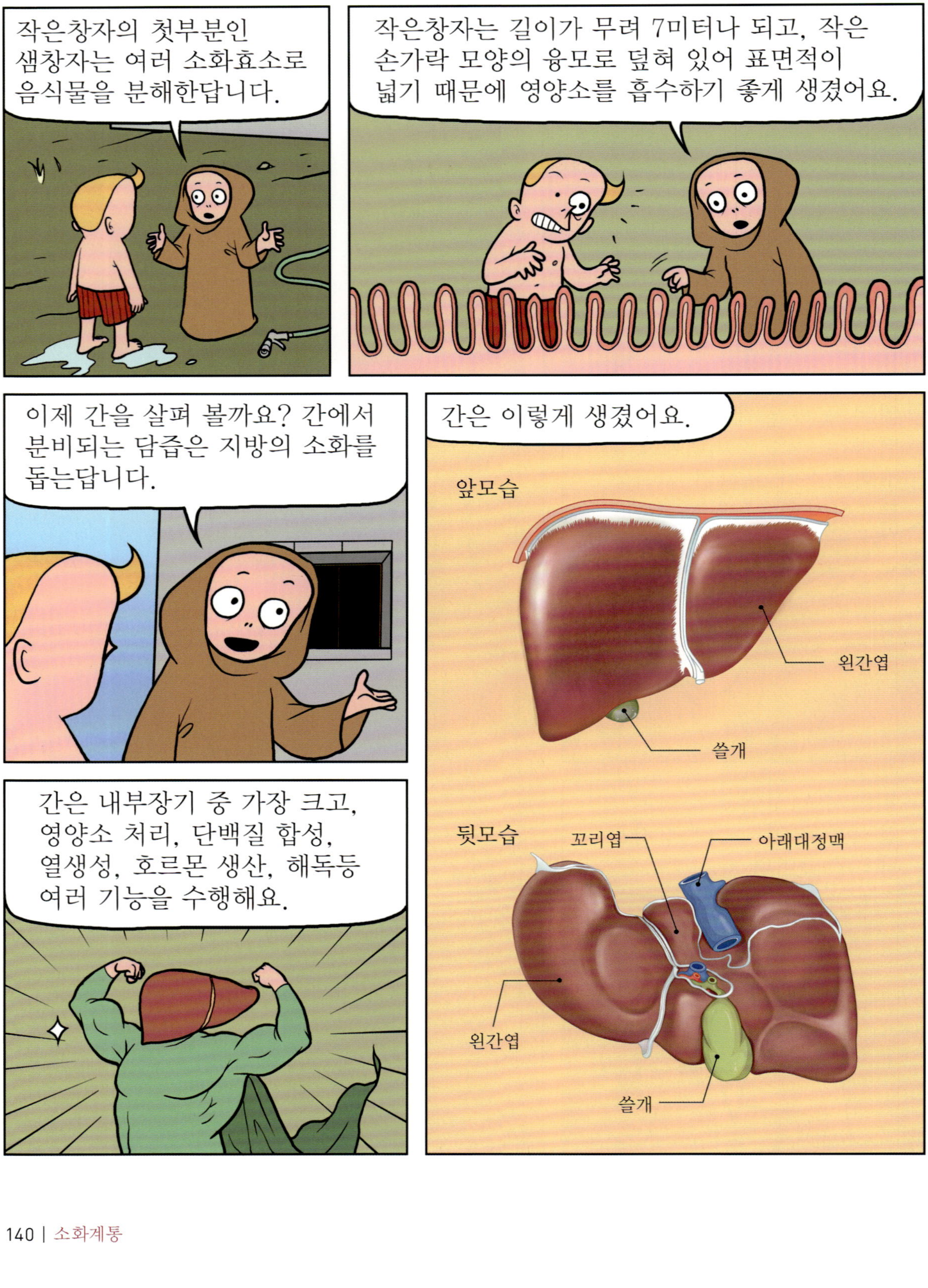
작은창자의 첫부분인 샘창자는 여러 소화효소로 음식물을 분해한답니다.
작은창자는 길이가 무려 7미터나 되고, 작은 손가락 모양의 융모로 덮혀 있어 표면적이 넓기 때문에 영양소를 흡수하기 좋게 생겼어요.
이제 간을 살펴 볼까요? 간에서 분비되는 담즙은 지방의 소화를 돕는답니다.
간은 내부장기 중 가장 크고, 영양소 처리, 단백질 합성, 열생성, 호르몬 생산, 해독등 여러 기능을 수행해요.
간은 이렇게 생겼어요.
앞모습
왼간엽
쓸개
뒷모습
꼬리엽
아래대정맥
왼간엽
쓸개

이제 간 아래에 위치한 쓸개와 이자에 대해 살펴 보기로 해요.

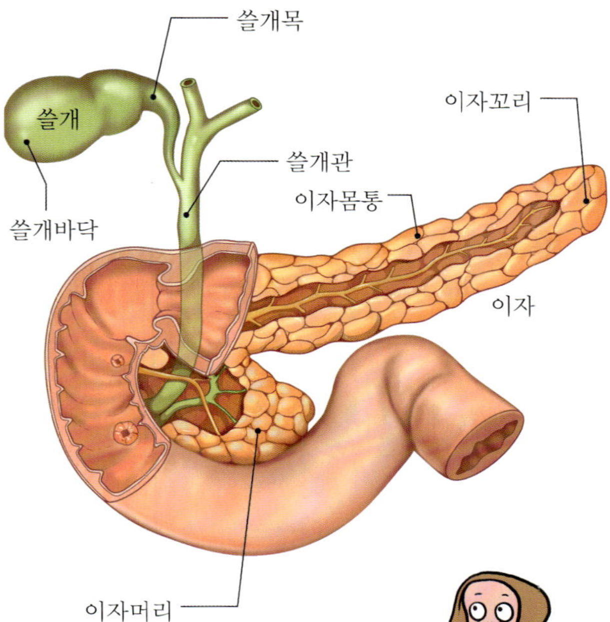

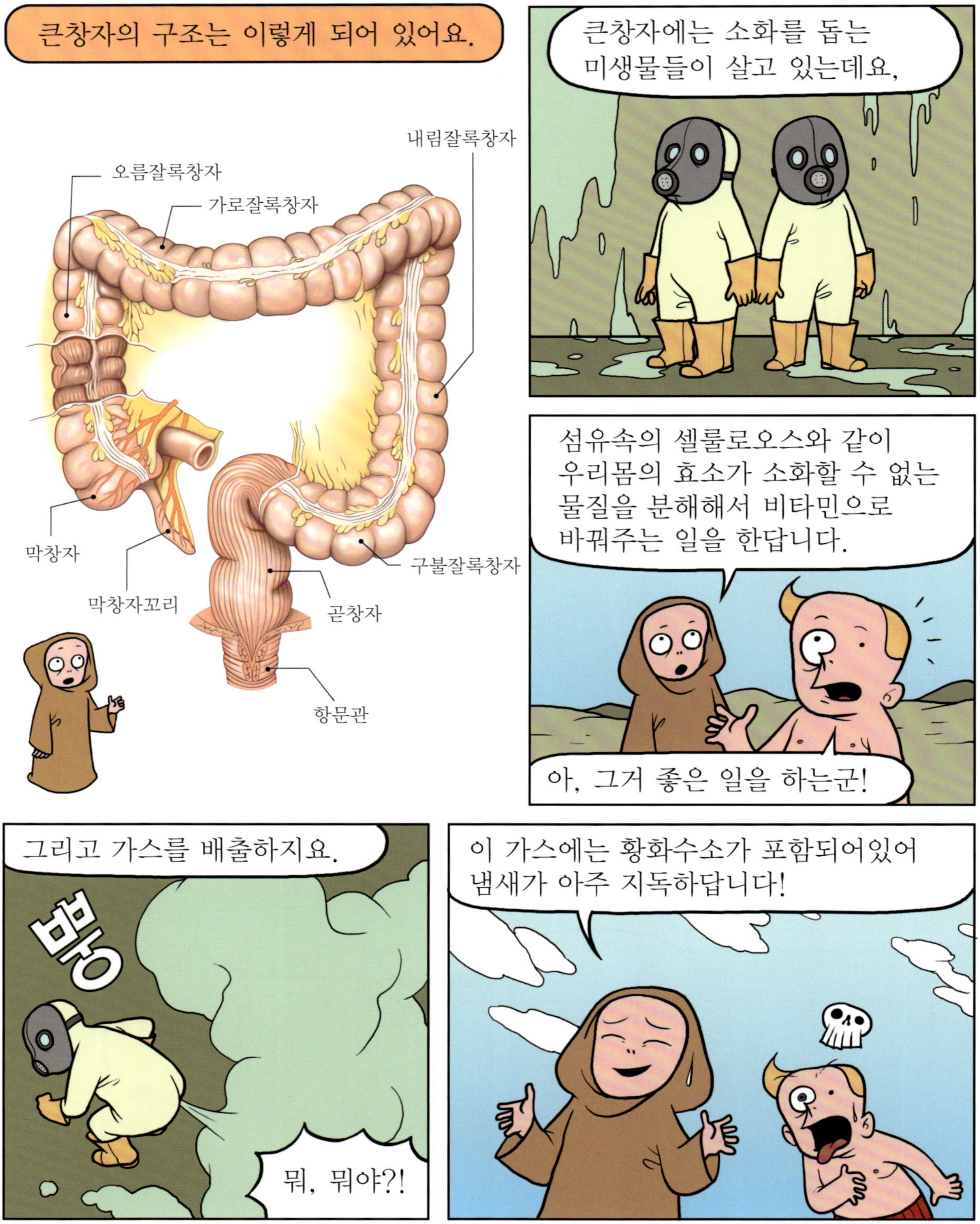
큰창자의 구조는 이렇게 되어 있어요.
내림잘록창자
오름잘록창자
가로잘록창자
막창자
막창자꼬리
구불잘록창자
곧창자
항문관
큰창자에는 소화를 돕는 미생물들이 살고 있는데요,
섬유속의 셀룰로오스와 같이 우리몸의 효소가 소화할 수 없는 물질을 분해해서 비타민으로 바꿔주는 일을 한답니다.
아, 그거 좋은 일을 하는군!
그리고 가스를 배출하지요.
뿡
뭐, 뭐야?!
이 가스에는 황화수소가 포함되어있어 냄새가 아주 지독하답니다!

제 13 장
비뇨계통

꿀꺽 꿀꺽
이제 좀 속이 진정 되는군.
...다행 이네요.
방금 물을 마시다 좋은 아이디어가 생각났어!
...또 뭔데요?
바로 시간을 엄청 아껴 쓸 수 있는 방법이지!
이번 인조인간은 화장실에 갈 필요가 없게 만드는 거야!
화장실에 안 가도 된다구요? 그게 어떻게 가능하죠?
바로 비뇨계통을 만들지 않는거야! 대변은 어쩔수 없지만 소변보러 화장실에 갈 필요는 없어지는 거지!
일 안하고 화장실만 들락 날락하면 어디 쓰겠어?

화장실도 못가게 하면서 일을 시키시겠다니... 박사님은 양심계통이 없으신가봐요.
뭐야?!
우리가 소변을 보는 것은 몸의 노폐물을 제거하는 일이라구요!
비뇨계통이 없으면 몸에 독소가 쌓여 죽고 말거예요!
죽으면 일도 못 시키는데?!
네...그러니 이번엔 비뇨계통에 대해 먼저 알아봐요.
잠깐, 그런데...
아까 물을 많이 마셨더니 화장실에 좀 다녀와야겠어.
금방 설명해 드릴테니 다 듣고 가세요.
난 급하면 못 참아!
맘대로 하세요, 전 두번 설명은 안합니다.
으...급한데!

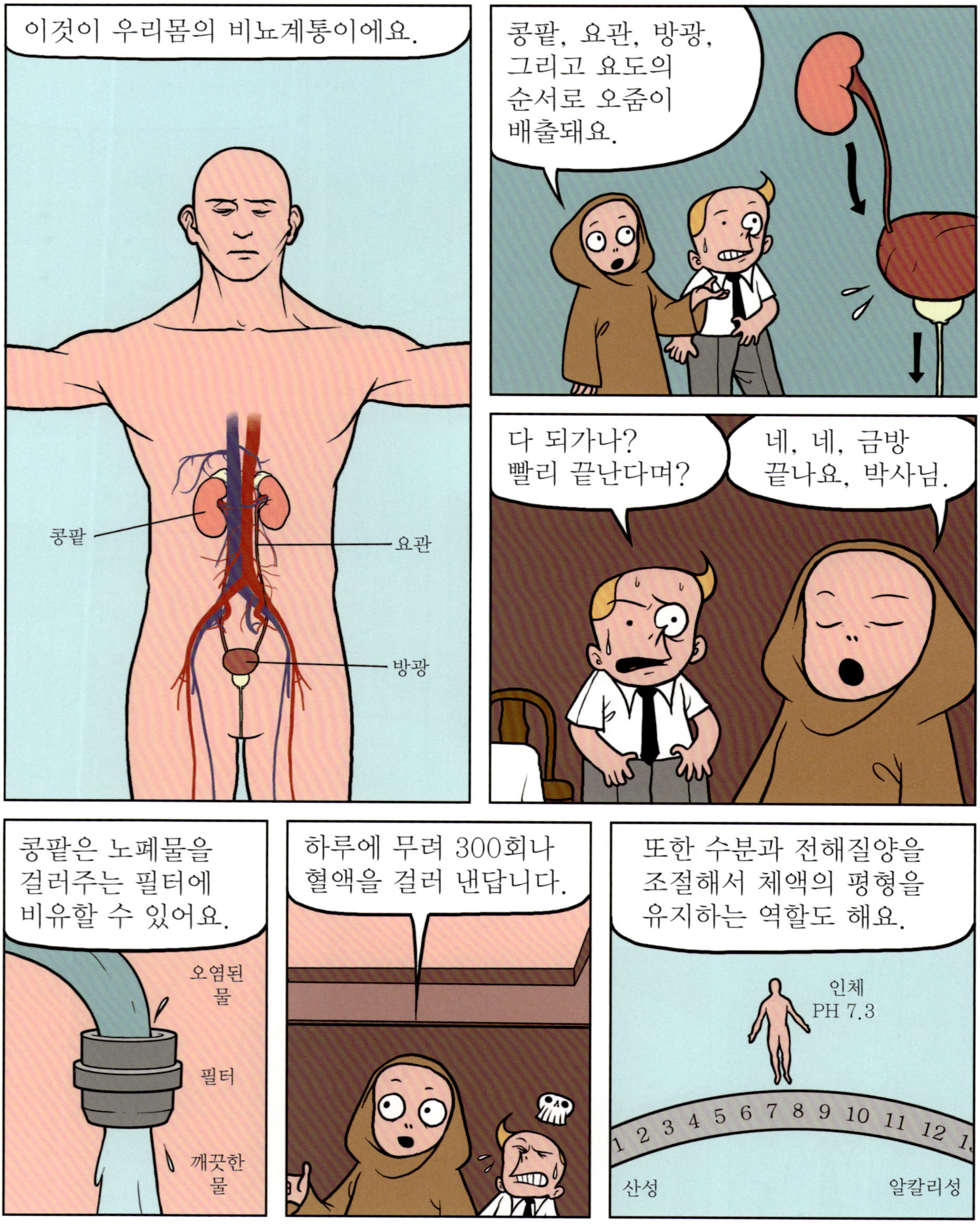

이것이 우리몸의 비뇨계통이에요.
콩팥
요관
방광
콩팥, 요관, 방광, 그리고 요도의 순서로 오줌이 배출돼요.
다 되가나? 빨리 끝난다며?
네, 네, 금방 끝나요, 박사님.
콩팥은 노폐물을 걸러주는 필터에 비유할 수 있어요.
오염된 물
필터
깨끗한 물
하루에 무려 300회나 혈액을 걸러 낸답니다.
또한 수분과 전해질양을 조절해서 체액의 평형을 유지하는 역할도 해요.
인체 PH 7.3
1 2 3 4 5 6 7 8 9 10 11 12
산성
알칼리성

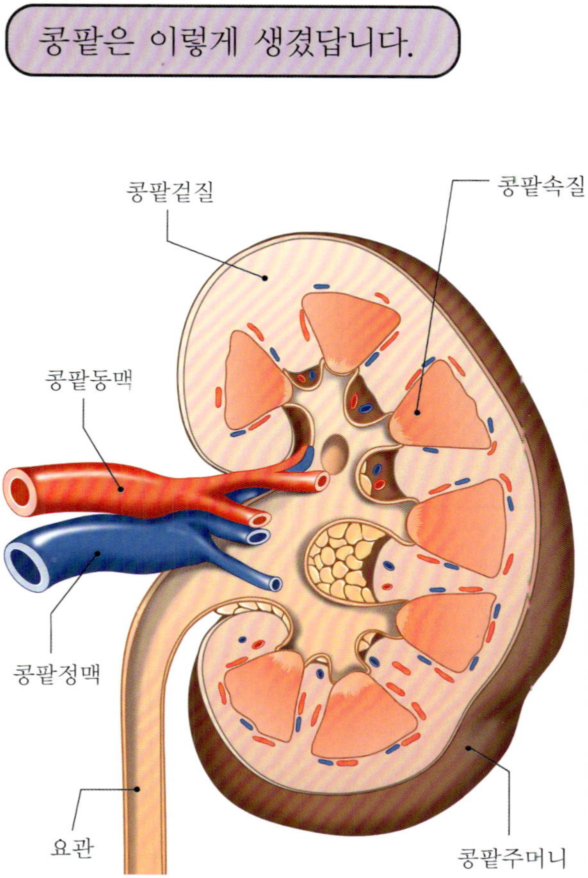
콩팥은 이렇게 생겼답니다.
콩팥겉질
콩팥속질
콩팥동맥
콩팥정맥
요관
콩팥주머니

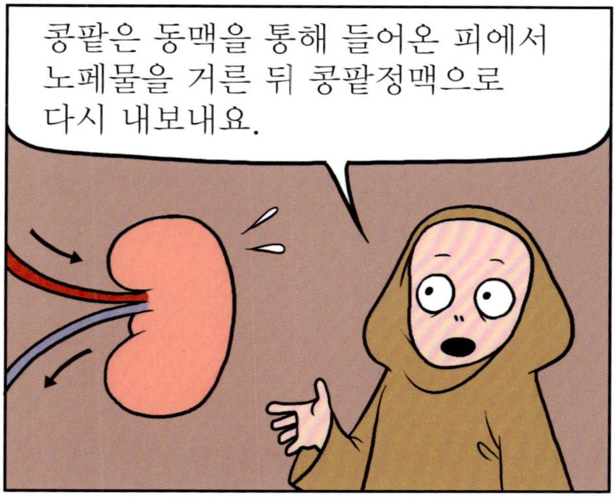
콩팥은 동맥을 통해 들어온 피에서 노폐물을 거른 뒤 콩팥정맥으로 다시 내보내요.

이렇게 만들어진 오줌은 요관을 따라 방광으로 이동 한답니다.
이제 다 된거야? 진짜 급해!!

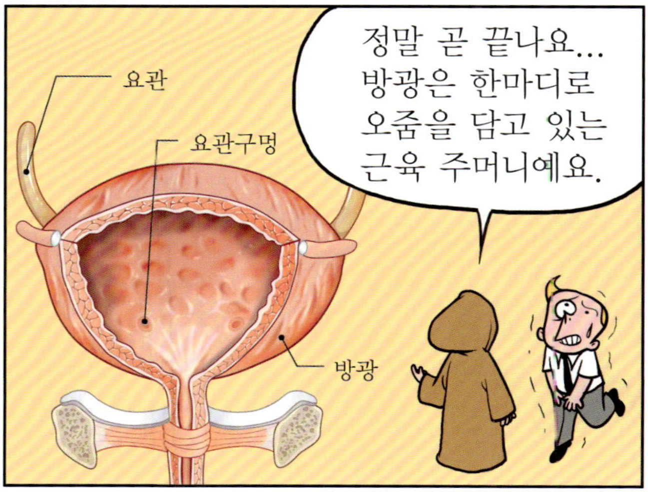
요관
요관구멍
방광
정말 곧 끝나요... 방광은 한마디로 오줌을 담고 있는 근육 주머니예요.

꽤나 탄력이 좋아서 처음에는 토마토 크기지만 오줌이 차면 커다란 자몽만해져요.
내 방광이 지금 그래!!

방광은 800~1000밀리리터의 소변을 수용할 수 있는데요,
800~1000ml
200~300ml 만 차도 보통 오줌이 마렵다고 느껴요.
500~800ml 정도 차게되면 정말 다급하게 되지요!
내가 그래, 지금 몹시 다급해!!
이제 진짜 거의 다 끝났어요.
방광에서 오줌은 요도를 통해 몸 밖으로 배출되는데요, 남성의 요도는 약 20cm, 여성의 요도는 3~5cm 길이랍니다.
콩팥
방광
요도
더는 못 참겠다!!!
참고로 오줌을 너무 참으면 건강에 좋지 않아요...

제 14 장
호흡계통

음냐… 목이 마르네…
벌컥
벌컥
박사님은 아직도
안 주무시나?
지금까지
텔레비젼을
보시다니…
난 가서 더
자야지…

후아아암…
오늘은 무슨 연구를 하시려나…
아니, 벌써 일어나 계시잖아?
아, 이제 일어났나?
네…
늦게 주무신 것 같던데 일찍 일어나셨네요.
잠을 아예 안 잤어. 갑자기 좋은 아이디어가 떠올라서 잘 수가 없었거든!

어젯밤에 텔레비전을 보다 떠오른 아이디어야. 어제 내가 뭘 봤는지 아나?
설마 또 텍사스 전기면도기 살인 사건같은 영화를 보신 건 아니죠?
하하, 바로 상어야! 어제 상어에 관한 다큐멘터리를 봤다구!
정말 인상깊었어. 매우 흥미롭기도 하고 말이지.
그래서 잠도 안 주무신 거예요?
상어는 고대부터 거의 진화를 하지 않았다네. 이미 자신의 환경에 완벽하게 진화한 생명체이기 때문이지!

나는 그걸 보고 커다란 영감을 얻었지!
그리고 밤새 작업해서 이걸 만들어 낸거야!
자, 준비됐나?
저, 아직 이른 시간이라 좀...
자, 봐라!!
!!!
무슨 짓을 하신거예요!
바로 상어 인간이지!

상어의 강인함과
인간의 만남! 바로
완벽한 조합이지!
깨어나라!
파지지지직

와장창
사람
살려!!

커... 컥컥...
꼴까닥
쿠당
쓰러졌다!
휴!
하마터면 상어밥이 될 뻔 했네...그런데 왜 쓰러져 버린거지?
아마 물밖에서는 숨을 쉴 수가 없었던 것 같아요.

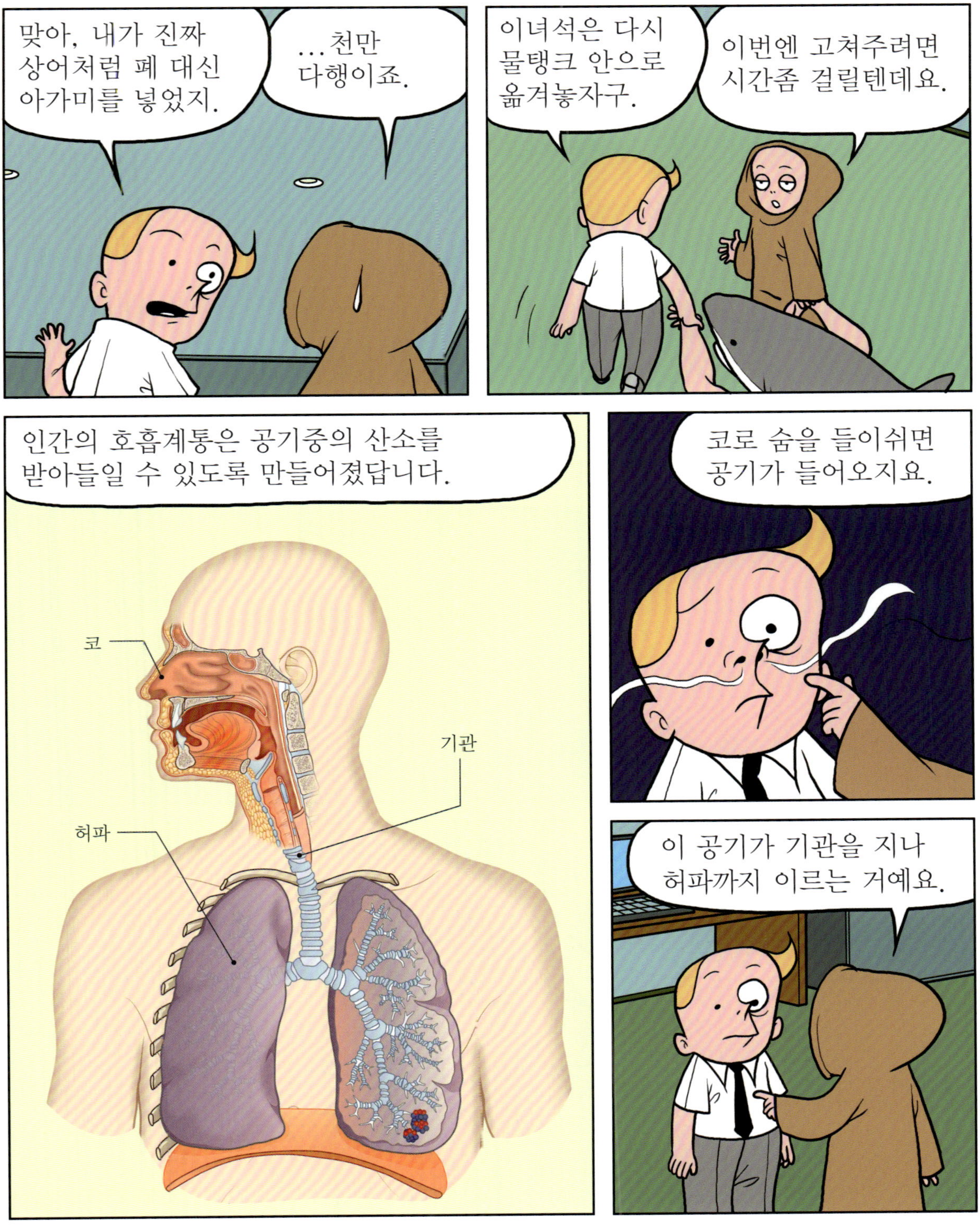

맞아, 내가 진짜 상어처럼 폐 대신 아가미를 넣었지.
...천만 다행이죠.
이녀석은 다시 물탱크 안으로 옮겨놓자구.
이번엔 고쳐주려면 시간좀 걸릴텐데요.
인간의 호흡계통은 공기중의 산소를 받아들일 수 있도록 만들어졌답니다.
코
기관
허파
코로 숨을 들이쉬면 공기가 들어오지요.
이 공기가 기관을 지나 허파까지 이르는 거예요.

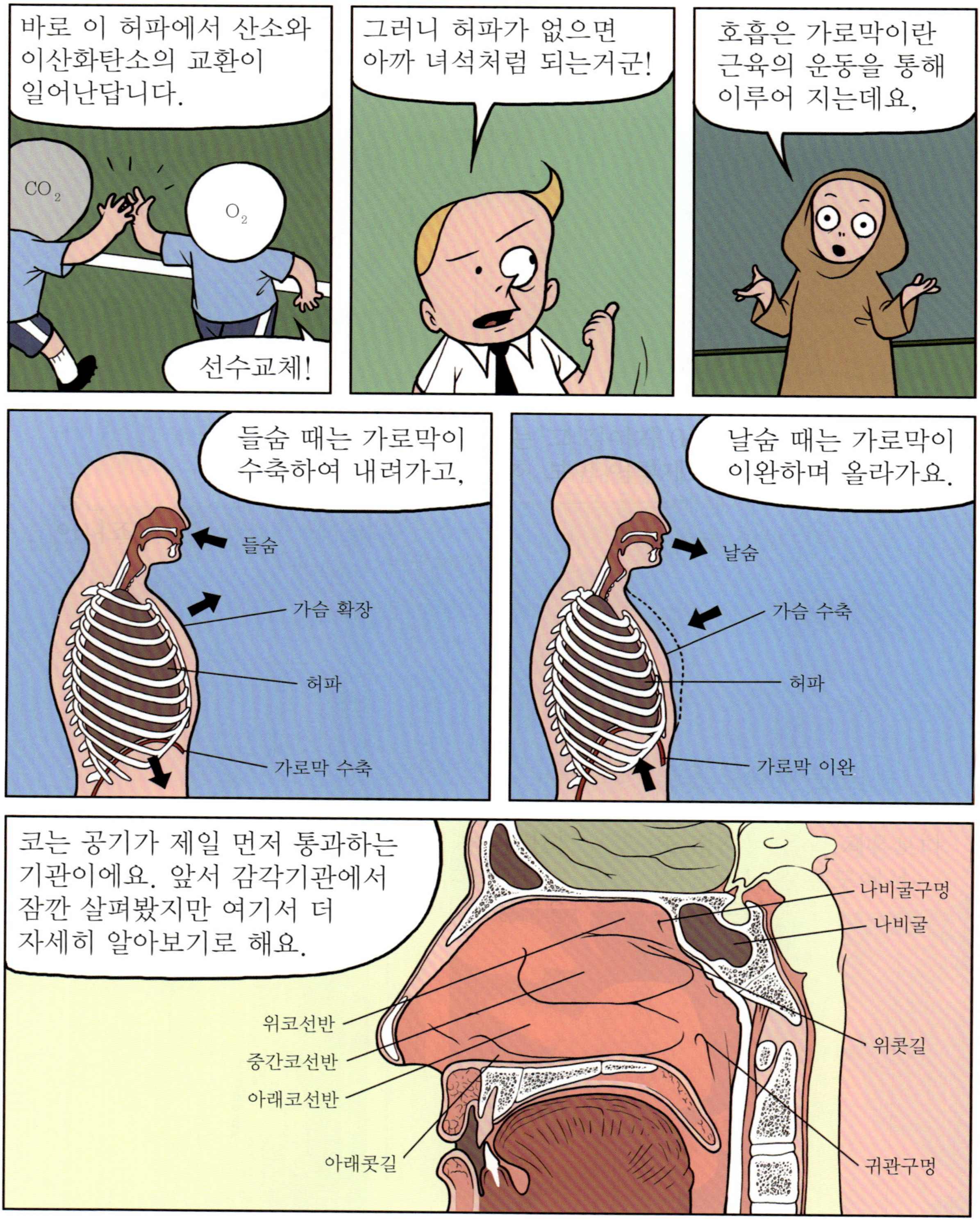
바로 이 허파에서 산소와
이산화탄소의 교환이
일어난답니다.
CO2
O2
선수교체!
그러니 허파가 없으면
아까 녀석처럼 되는거군!
호흡은 가로막이란
근육의 운동을 통해
이루어 지는데요,
들숨 때는 가로막이
수축하여 내려가고,
들숨
가슴 확장
허파
가로막 수축
날숨 때는 가로막이
이완하며 올라가요.
날숨
가슴 수축
허파
가로막 이완
코는 공기가 제일 먼저 통과하는
기관이에요. 앞서 감각기관에서
잠깐 살펴봤지만 여기서 더
자세히 알아보기로 해요.
나비굴구멍
나비굴
위코선반
중간코선반
아래코선반
위콧길
아래콧길
귀관구멍

코에는 코털이 있어 공기 중의 이물질을 일차적으로 걸러 준답니다.
아, 그럼 코털이 보기 싫다고 없애면 안되겠네?
네, 하지만...
박사님처럼 콧털이 너무 삐져나온 경우, 미관상 좀 정리가 필요하겠죠...
뭐야?!
코 안에 있는 세개의 선반은 끈끈한 점액질로 덮여있어 역시 이물질을 제거해 주어요.
또한 들어오는 공기를 습하고 체온에 가깝게 만들어 주는 역할도 한답니다.
코로 들어온 공기는 허파로 가기 전에 기관을 지나게 되는데요, 막히지 않도록 연골로 이루어져 있답니다.
방패연골
반지연골
기관연골
기관
이차기관지
삼차기관지
일차기관지

코에서 기관지로 이어지는 통로에는 섬모라는 작은 털이 나 있는데요,
이 섬모 밑의 세포에서 점액을 분비해 이물질이 달라붙게 한답니다.
이물질
점액
그러면 섬모가 움직여서 이물질이 묻은 점액을 올려 보낸답니다.
이렇게 몸 밖으로 배출되는 것이 바로 가래예요.
아하! 그럼 가래는 사실 이물질을 제거해 주는 고마운 것이네?
네.
누구처럼 아무데나 뱉으면 곤란하지만요...
내가 언제?! 난 매너있는 사람이야!
됐구요...이제 그럼 허파에 대해 알아보기로 해요.
허파꼭대기
위엽
수평틈새
중간엽
오른허파
아래엽
빗틈새
왼허파

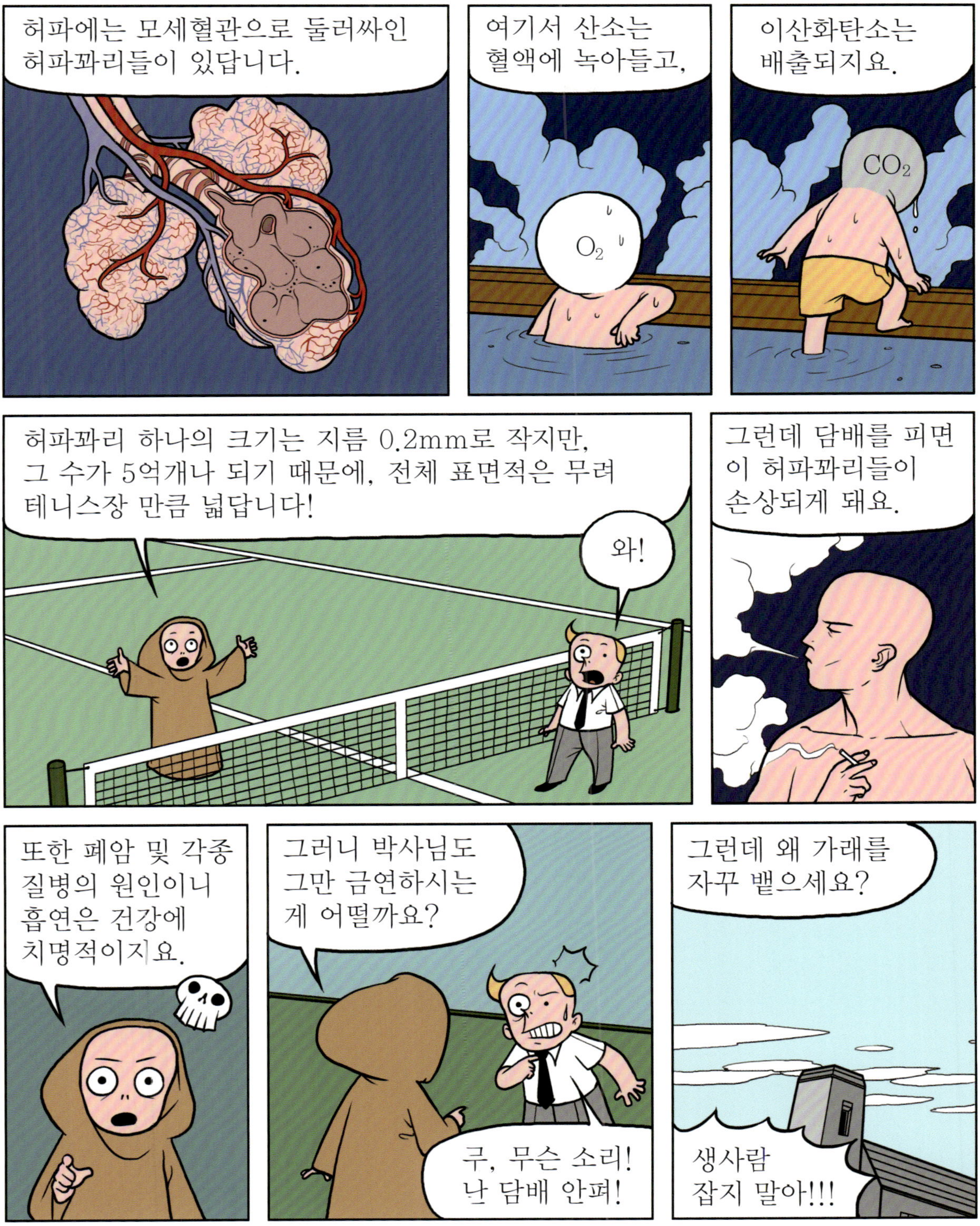

허파에는 모세혈관으로 둘러싸인 허파꽈리들이 있답니다.
여기서 산소는 혈액에 녹아들고,
O_2
이산화탄소는 배출되지요.
CO_2
허파꽈리 하나의 크기는 지름 0.2mm로 작지만, 그 수가 5억개나 되기 때문에, 전체 표면적은 무려 테니스장 만큼 넓답니다!
와!
그런데 담배를 피면 이 허파꽈리들이 손상되게 돼요.
또한 폐암 및 각종 질병의 원인이니 흡연은 건강에 치명적이지요.
그러니 박사님도 그만 금연하시는 게 어떨까요?
구, 무슨 소리! 난 담배 안펴!
그런데 왜 가래를 자꾸 뱉으세요?
생사람 잡지 말아!!!

제 15 장
내분비계통

휴, 탱크 수리하는 데 오래도 걸렸네…
지체없이 바로 실험 시작하자구!
부글부글
다시 정상적인 인간의 모습으로 만드셨네요.
아아, 물 밖에서 숨을 못 쉬면 강해도 무슨 소용이겠어?
하지만 상어까진 아니라도 매우 강하게 만들었지!
이번엔 또 뭘 하셨는지…

번쩍
콰장창
또!
이…이봐!
덥석
커억!

이고르!!
성큼 성큼
...진정하라구!
흐아아아아아아아아!
빡
쿠당
이고르?!
휴...!

천만 다행이군! 그런데 자넨 완전히 나가 떨어졌잖아?
네, 그래서 죽은 척 했지요.
죽은척이라…. 매우 훌륭한 작전이었어!
…다소 비굴하긴 하지만.
누구 덕에 살으신 건데요…
일단은 기절했으니 다행이에요.
이런…
난 그저 강하게 만드려고 남성 호르몬을 엄청 주입했을 뿐인데.
그렇군요. 그리고 깨어나 보니 물탱크에 갇혀 있어서 공격적으로 반응했나봐요.
그렇다고 감히 나를 공격해? 고얀 녀석!
내분비 계통을 잘못 만드신 탓이지요.

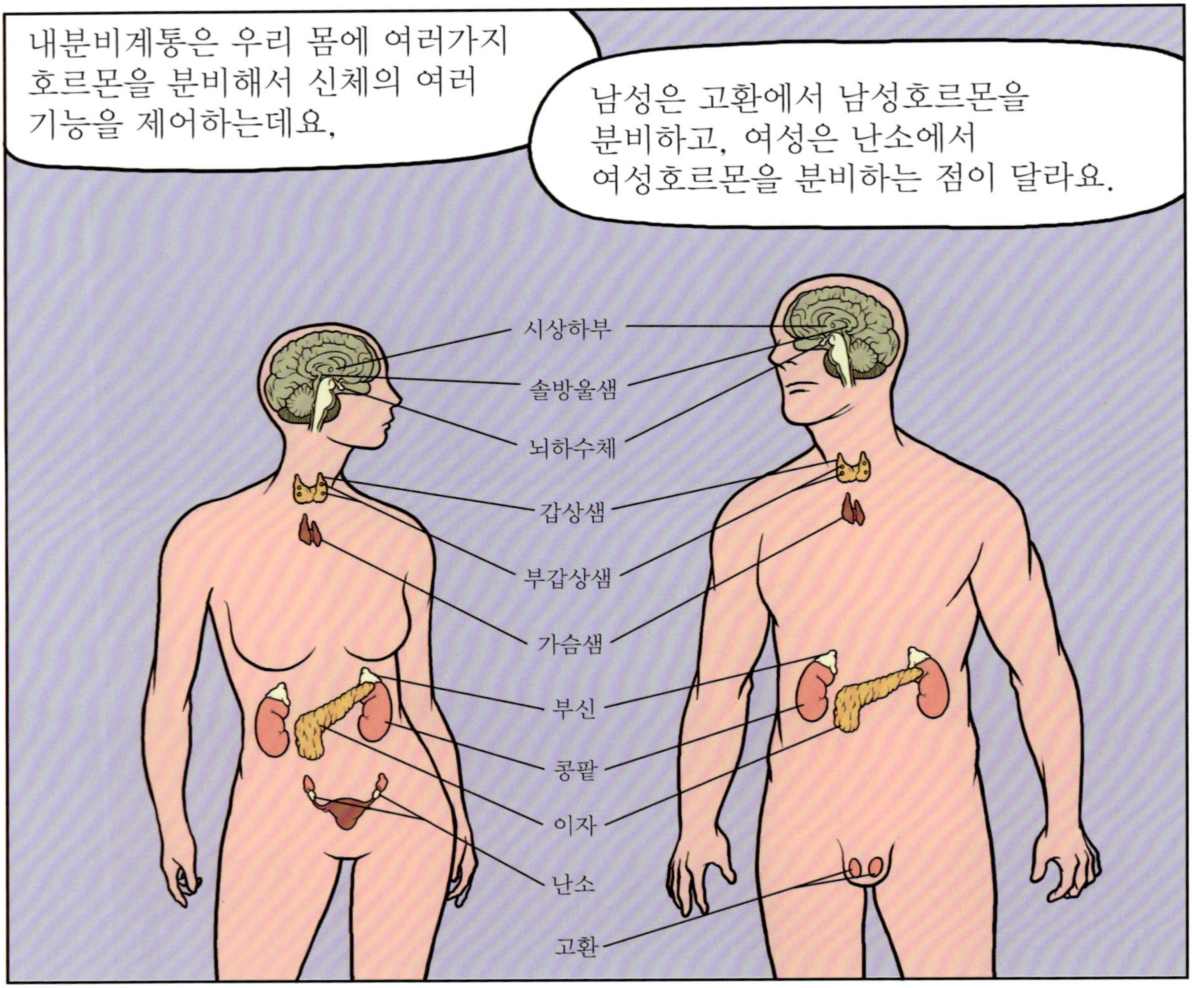
내분비계통은 우리 몸에 여러가지
호르몬을 분비해서 신체의 여러
기능을 제어하는데요,
남성은 고환에서 남성호르몬을
분비하고, 여성은 난소에서
여성호르몬을 분비하는 점이 달라요.
시상하부
솔방울샘
뇌하수체
갑상샘
부갑상샘
가슴샘
부신
콩팥
이자
난소
고환

각각의 호르몬은 한가지
종류의 세포에만 영향을
미친답니다.

호르몬이란 쉽게 말해 세포에 영향을 주어
특정한 활동을 하게 만드는 화학 물질이에요.
푸쉬업
백회 실시!
백회
실시!

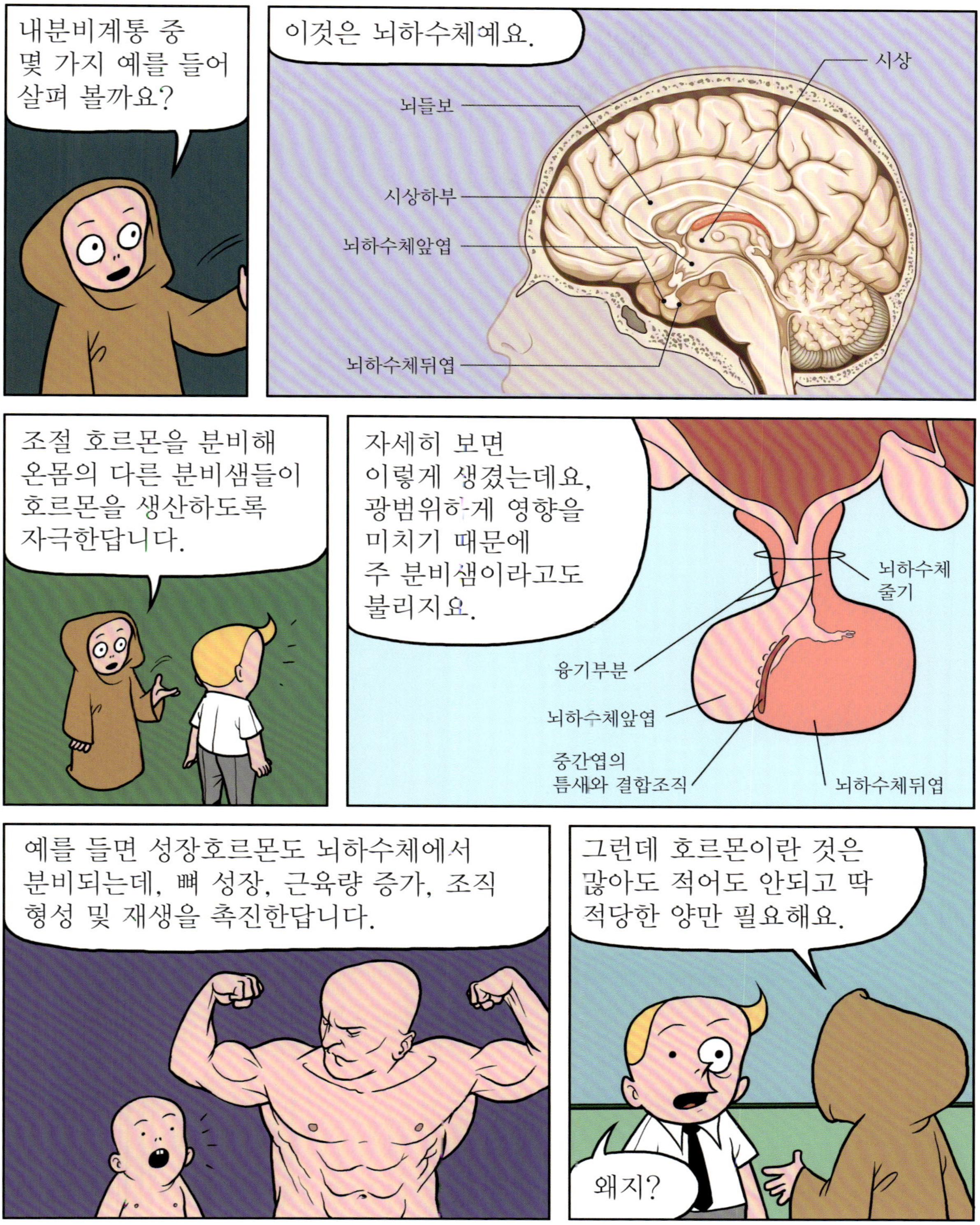
내분비계통 중
몇 가지 예를 들어
살펴 볼까요?
이것은 뇌하수체예요.
시상
뇌들보
시상하부
뇌하수체앞엽
뇌하수체뒤엽
조절 호르몬을 분비해
온몸의 다른 분비샘들이
호르몬을 생산하도록
자극한답니다.
자세히 보면
이렇게 생겼는데요,
광범위하게 영향을
미치기 때문에
주 분비샘이라고도
불리지요.
뇌하수체
줄기
융기부분
뇌하수체앞엽
중간엽의
틈새와 결합조직
뇌하수체뒤엽
예를 들면 성장호르몬도 뇌하수체에서
분비되는데, 뼈 성장, 근육량 증가, 조직
형성 및 재생을 촉진한답니다.
그런데 호르몬이란 것은
많아도 적어도 안되고 딱
적당한 양만 필요해요.
왜지?

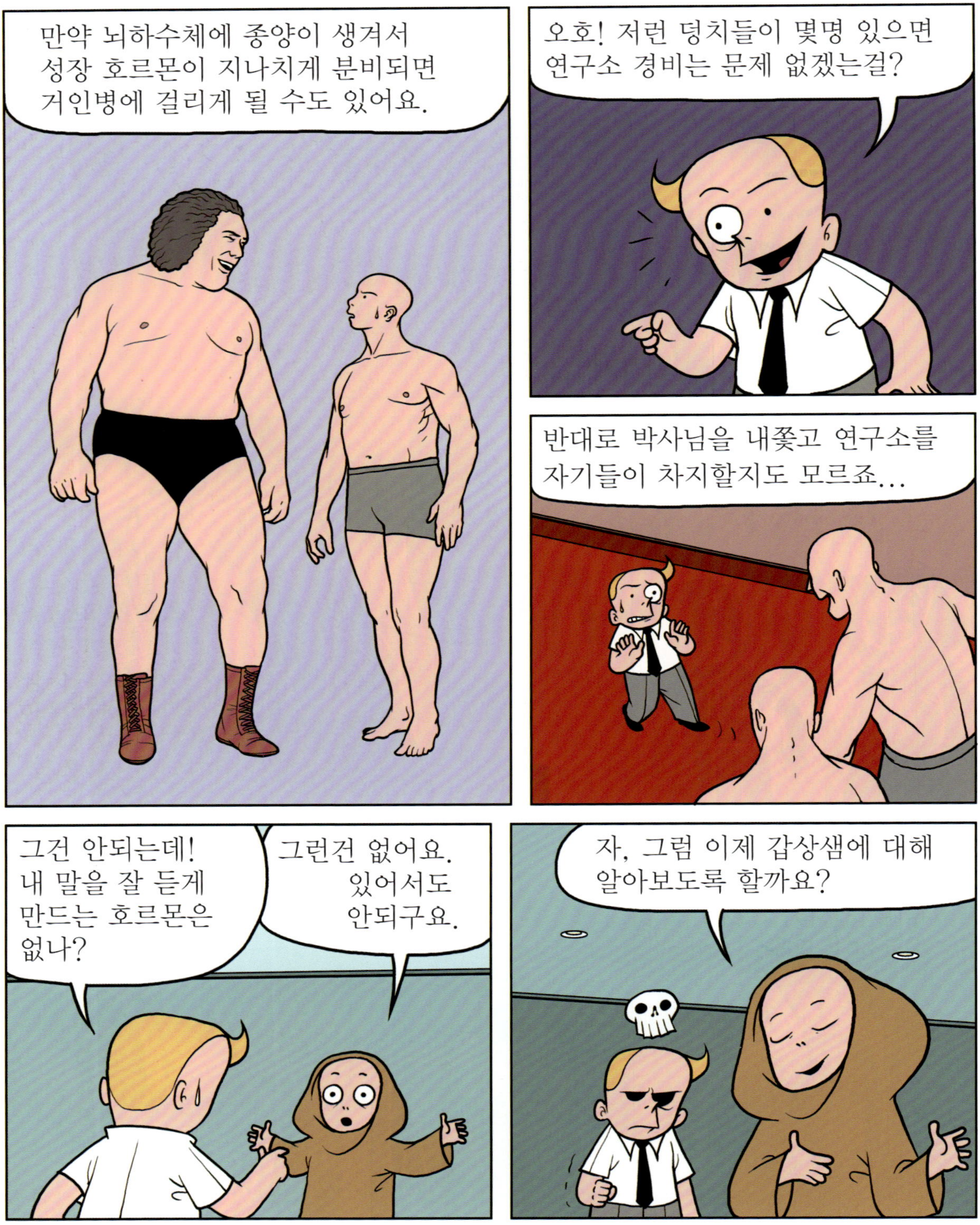
만약 뇌하수체에 종양이 생겨서 성장 호르몬이 지나치게 분비되면 거인병에 걸리게 될 수도 있어요.
오호! 저런 덩치들이 몇명 있으면 연구소 경비는 문제 없겠는걸?
반대로 박사님을 내쫓고 연구소를 자기들이 차지할지도 모르죠...
그건 안되는데! 내 말을 잘 듣게 만드는 호르몬은 없나?
그런건 없어요. 있어서도 안되구요.
자, 그럼 이제 갑상샘에 대해 알아보도록 할까요?

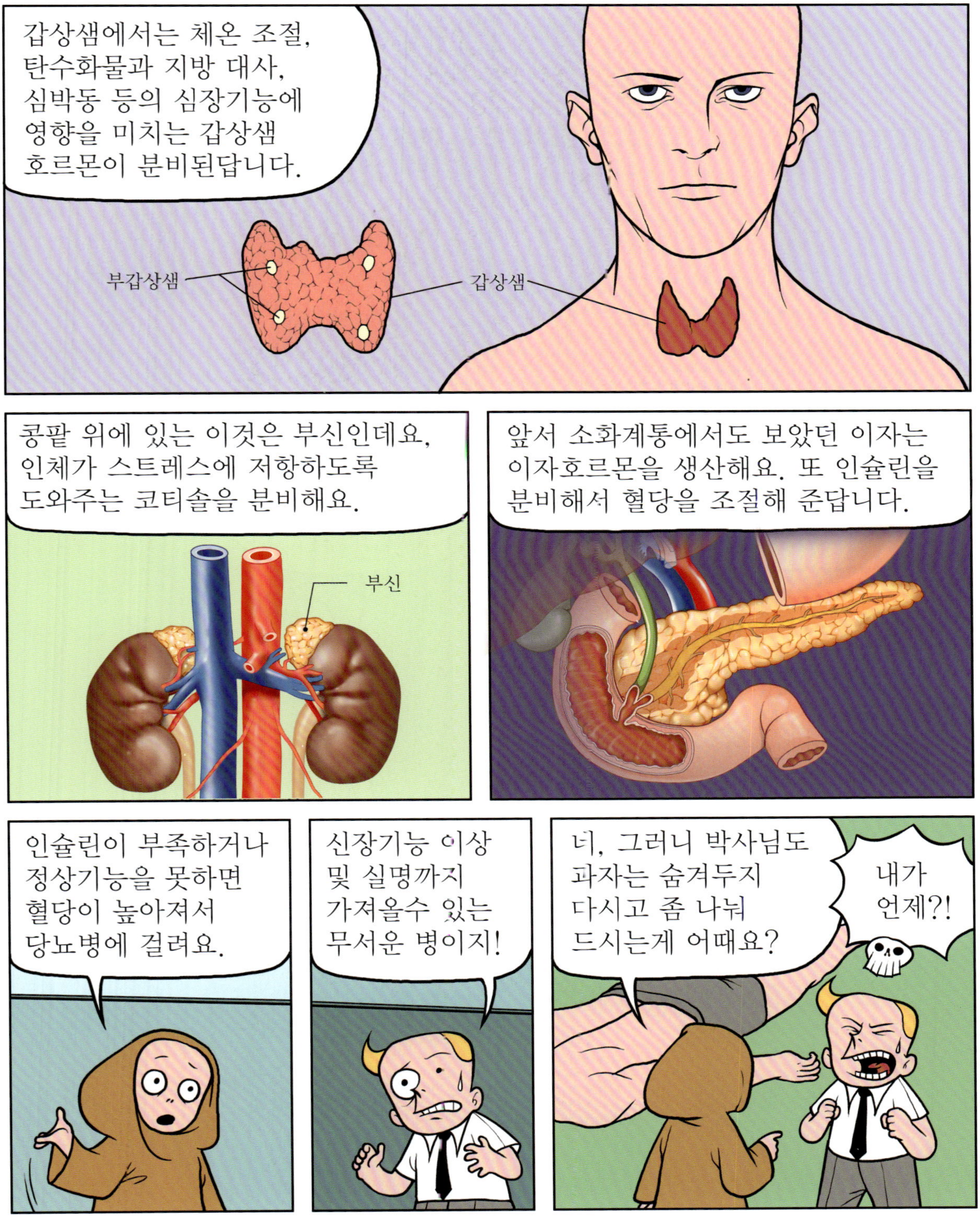
갑상샘에서는 체온 조절, 탄수화물과 지방 대사, 심박동 등의 심장기능에 영향을 미치는 갑상샘 호르몬이 분비된답니다.
부갑상샘
갑상샘
콩팥 위에 있는 이것은 부신인데요, 인체가 스트레스에 저항하도록 도와주는 코티솔을 분비해요.
부신
앞서 소화계통에서도 보았던 이자는 이자호르몬을 생산해요. 또 인슐린을 분비해서 혈당을 조절해 준답니다.
인슐린이 부족하거나 정상기능을 못하면 혈당이 높아져서 당뇨병에 걸려요.
신장기능 이상 및 실명까지 가져올수 있는 무서운 병이지!
네, 그러니 박사님도 과자는 숨겨두지 마시고 좀 나눠 드시는게 어때요?
내가 언제?!

여성은 난소에서 여성 호르몬인 에스트로겐과 프로게스테론이 나와요.
난소
남성은 고환 에서 테스토스테론이 나오구요.
이 녀석이 미친 듯이 날뛴게 테스토스테론 때문이란 말야?
테스토스테론 자체가 폭력성을 유발하지는 않아요. 다만 스트레스를 받았을때 공격적으로 반응하는데 어느 정도 역할을 한다고 생각돼요.
자신을 만든 주인을 공격 하다니…정말 믿을 수 없군!
다 뿌린대로 거두는 법이죠.
그게 도대체 무슨 뜻이지, 이고르?
글쎄요…

제 16 장
가장 중요한 것

이제 모든 준비가 끝났다.
완벽한 인조인간을 만들
순간이 온거야.
탓
흠?
자네 벌써 나왔나?
아...!

그, 그게, 모든 신체계통이 다 잘 설계되었나 확인해 봤어요.
하하!
……
아무 걱정 말라구! 내가 이미 다 살펴 봤으니까.
뼈대계통부터 내분비계통까지 이제 완벽하게 만들었지!
자, 이제 그럼 시작해 볼까?
타닷
부글부글부글

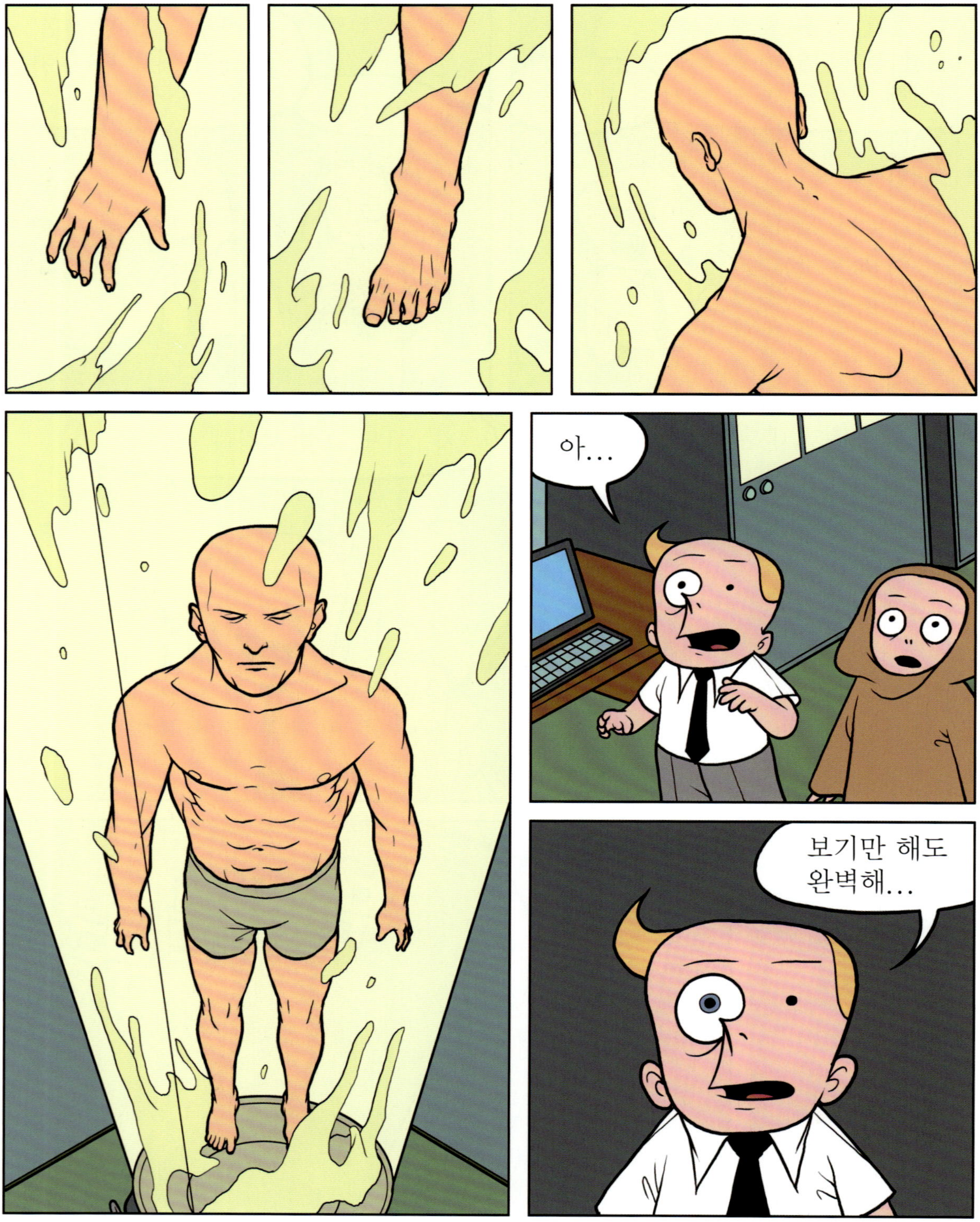
아...
보기만 해도
완벽해...

이제 깨워 보자구!
철컥
파지지지지직

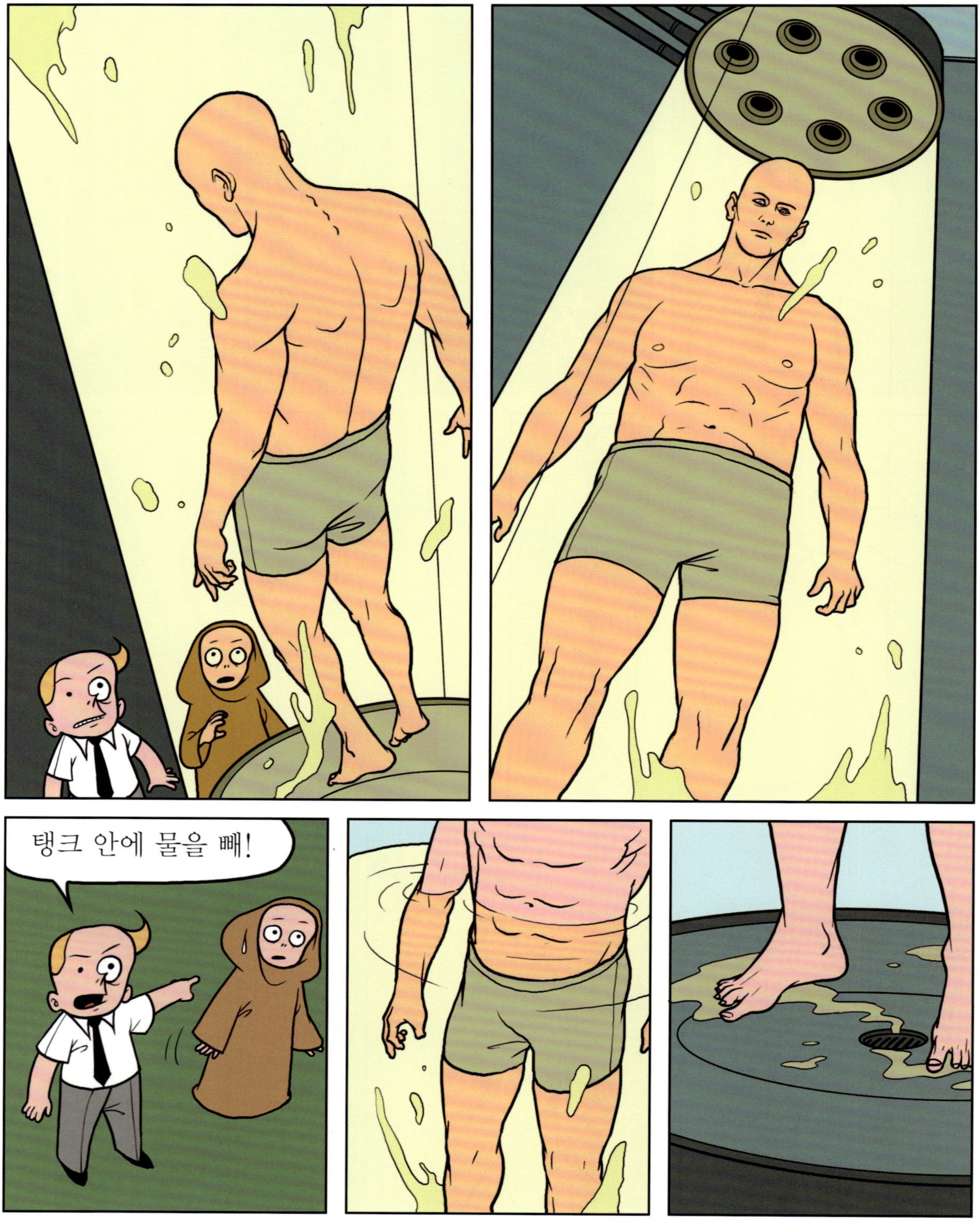
탱크 안에 물을 빼!

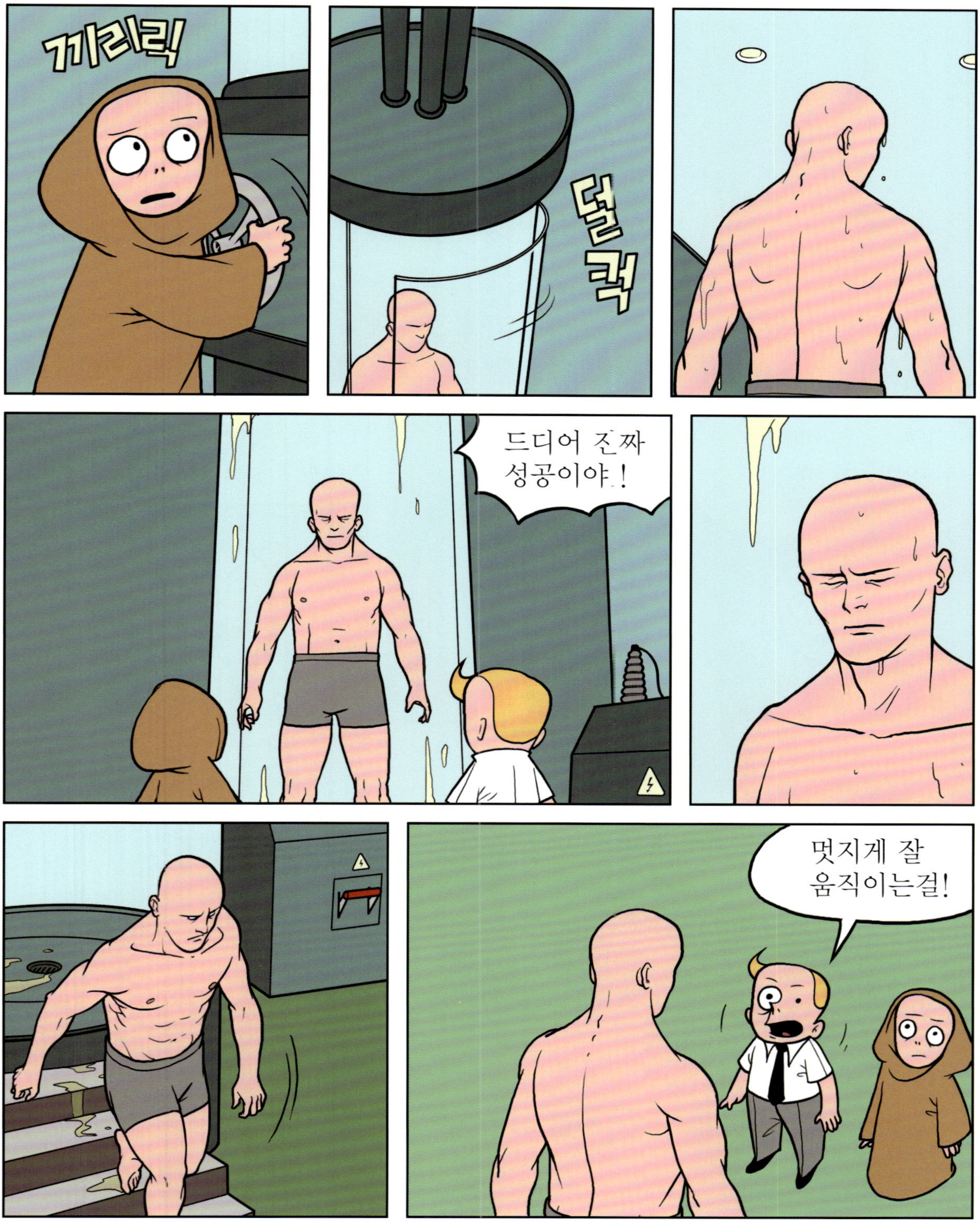
끼리릭
덜컥
드디어 진짜
성공이야!
멋지게 잘
움직이는걸!

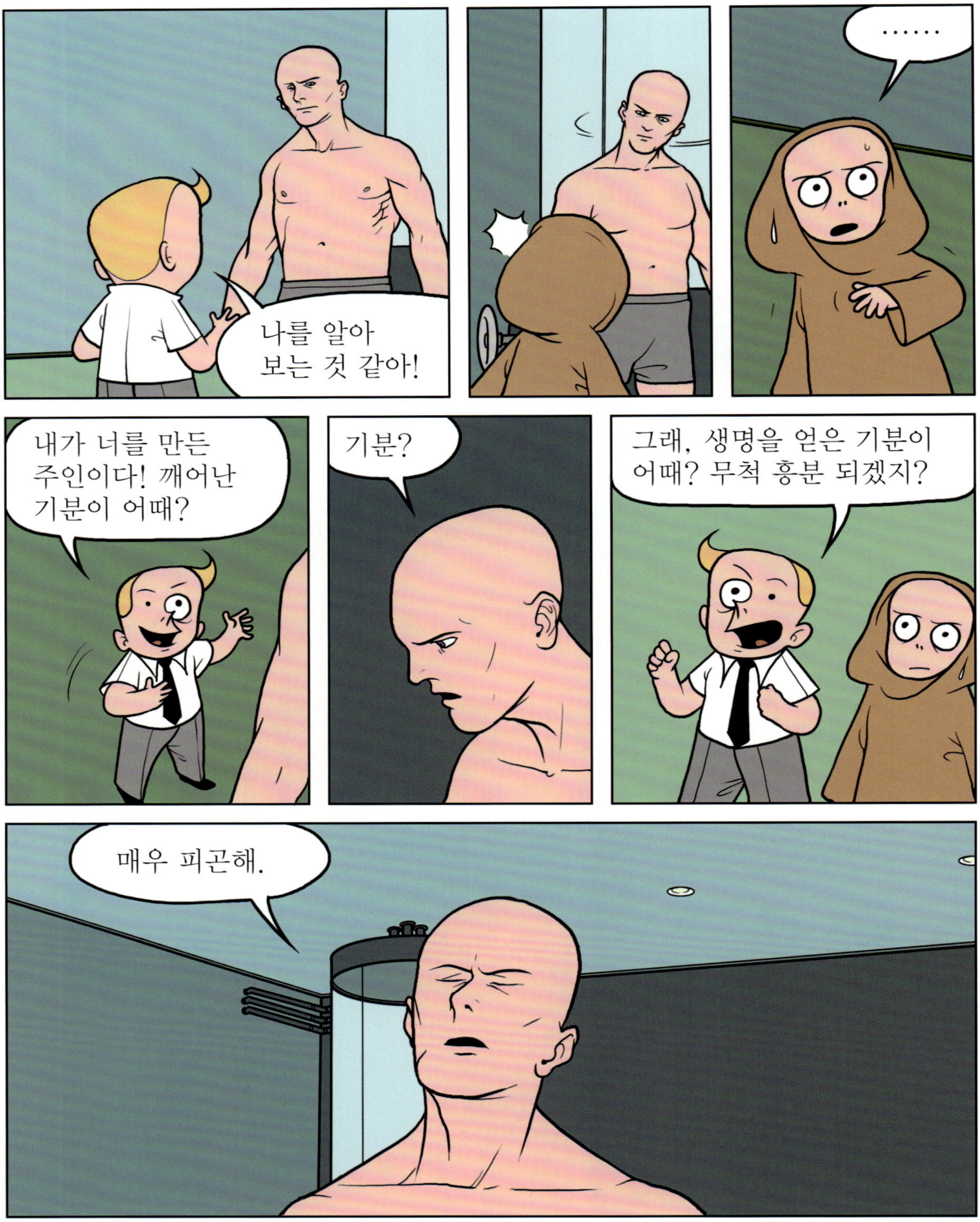
나를 알아
보는 것 같아!
......
내가 너를 만든
주인이다! 깨어난
기분이 어때?
기분?
그래, 생명을 얻은 기분이
어때? 무척 흥분 되겠지?
매우 피곤해.

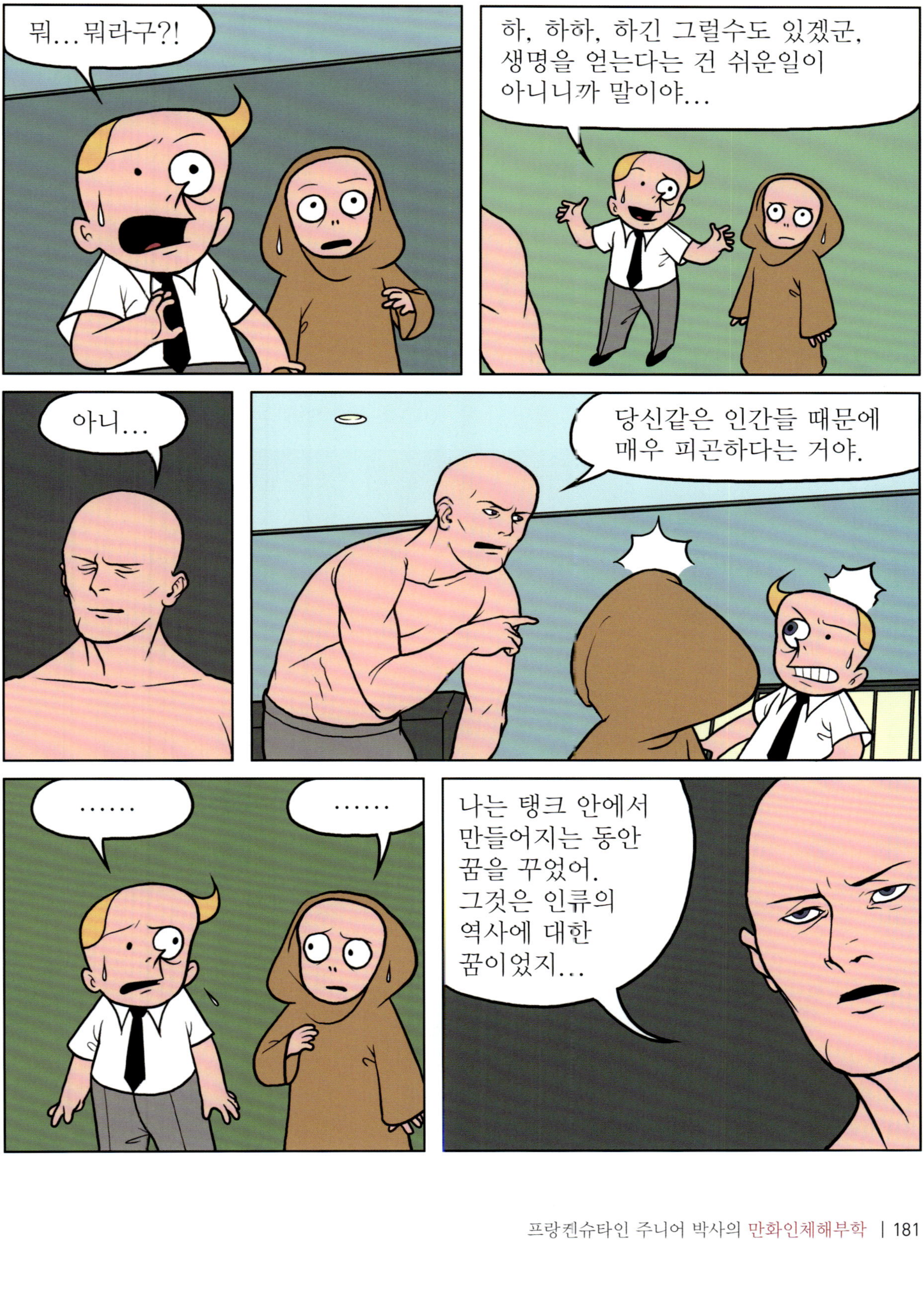
뭐…뭐라구?!
하, 하하, 하긴 그럴수도 있겠군,
생명을 얻는다는 건 쉬운일이
아니니까 말이야…
아니…
당신같은 인간들 때문에
매우 피곤하다는 거야.
……
……
나는 탱크 안에서
만들어지는 동안
꿈을 꾸었어.
그것은 인류의
역사에 대한
꿈이었지…

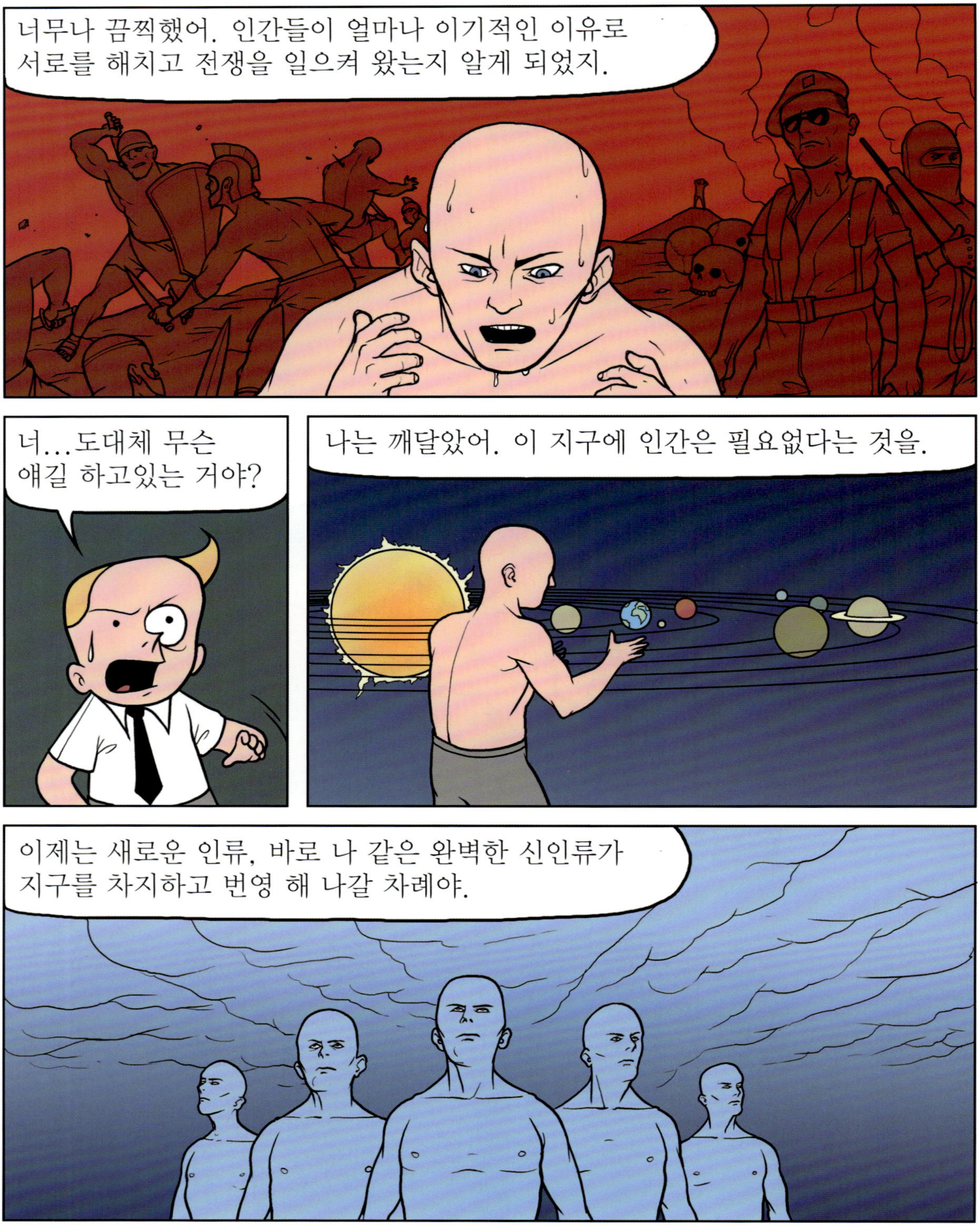
너무나 끔찍했어. 인간들이 얼마나 이기적인 이유로
서로를 해치고 전쟁을 일으켜 왔는지 알게 되었지.
너...도대체 무슨
얘길 하고있는 거야?
나는 깨달았어. 이 지구에 인간은 필요없다는 것을.
이제는 새로운 인류, 바로 나 같은 완벽한 신인류가
지구를 차지하고 번영 해 나갈 차례야.

너 설마…
그래, 나는 모든 인간들을 없앨거야.
휙!
우선 나 자신을 복제해서 완벽한 신인류를 창조해야 해.
이, 이봐…!
그리고 그들이 남아있는 모든 탐욕스런 인간들을 제거하겠지.
하지만 당신은 살려주겠어, 박사. 날 만들어 준 것이 고마워서가 아니야.
인류가 어떻게 멸망하는지 당신 눈으로 똑똑히 보게 해주고 싶기 때문이야.

모든 사람이 다 악한 건 아니야! 서로를 도우며 살아가는 사람들도 있다구!
하하, 그들도 언제나 악해질 수 있어. 모두 없애버리는 것이 최선이야.
그건 그렇고, 박사, 당신의 인체합성기는 정말 대단해! 순식간에 나의 복제품을 만들 수 있으니까 말이야!
인정하기 싫지만 당신은 이런 면에선 정말 천재라니까!
이자식…
그만두지 못해?!!!

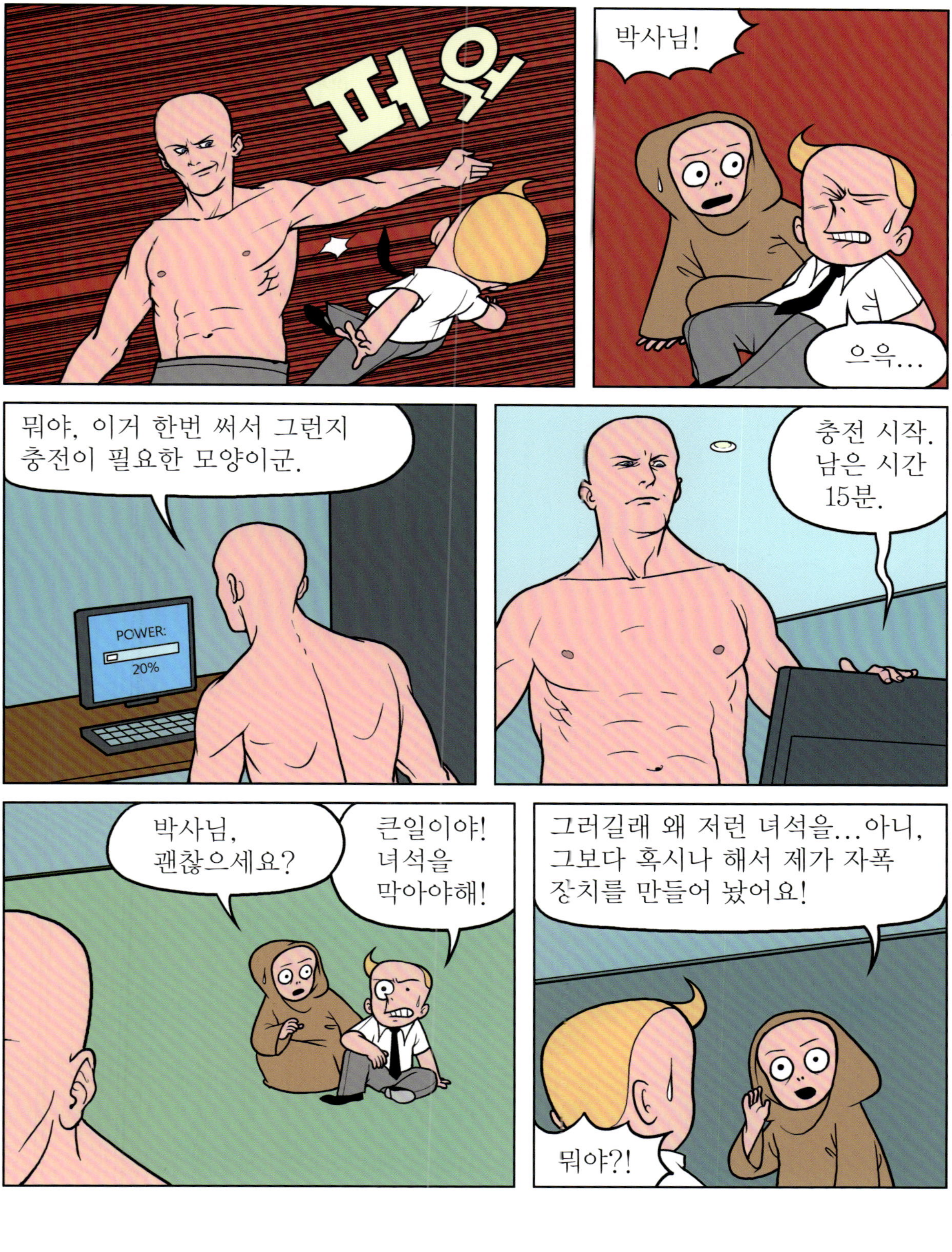
퍼억
박사님!
으윽...
뭐야, 이거 한번 써서 그런지 충전이 필요한 모양이군.
POWER:
20%
충전 시작. 남은 시간 15분.
박사님, 괜찮으세요?
큰일이야! 녀석을 막아야해!
그러길래 왜 저런 녀석을...아니, 그보다 혹시나 해서 제가 자폭 장치를 만들어 놨어요!
뭐야?!

맞아, 아까 자네가 컴퓨터에 뭘 하고 있었지!
네, 녀석의 몸 속에 폭탄을 심어 넣었어요.
위험하니 일단 여기서 멀리 피해야 해요.
서둘러, 녀석이 인체합성기를 충전시키는 동안 해치워야 해!
여긴 안전하니까 리모콘으로 폭탄을 작동시킬 수 있어요.
좋아, 이제 끝이다!
꾹

어라, 작동이 안 되잖아?
이런…
리모콘의 신호가 약해서 녀석까지 닿지 않나봐요!
뭐야?!
이렇게 신호가 약하면 녀석 바로 앞에서 눌러야 자폭장치가 작동할 거예요!
미쳤어? 녀석이 가만히 있을 것 같아? 그리고 성공해도 폭발때문에 죽어!
그러길래 박사님이 용돈을 넉넉히 주셨으면 더 좋은 리모콘으로 샀을 거 아녀요!
네가 더 절약해서 모았어야지!
잠깐…이럴 때가 아냐! 무슨 수를 써서라도 녀석을 막아야해.

하지만 박사님 말씀대로 녀석 앞에서 버튼을 눌렀다간 죽을 거예요!
다른 방법이 없어… 시간도 얼마 안남았다구!
이건 내 책임이니 내가 해결해야 해.
이고르, 리모콘을 이리 줘, 그리고 여기 있으라구.
혹시 내가 실패하면 자네가 반드시 녀석을 막아야해.
박사님!!!

카콰콰쾅

으으...
콜록
콜록
박사님...
박사님!!!
털썩
돌아가신게 틀림없어...
바로 앞에서 폭탄이 터졌으니...

뭘 그리 질질 짜고
있나, 이고르?
박사님?!
우하하하하하!
살아계셨군요! 도대체 어떻게 된거예요?
엄청나게 큰 폭발이었는데!
후후...
연구실로 뛰어가는데 갑자기
테이프가 눈에 띄더군...
그걸 보고 갑자기
좋은 생각이 났지!
바로 리모콘 버튼을
누른 상태로 테이프를
감아 버리는거야!
아하, 그럼 리모콘이 신호를
보내는 상태로 유지되는군요!

맞아. 따라서 내가 버튼을 누를 필요가 없어지지.
난 그냥 리모콘을 녀석에게 던져 버렸어.
그리고 연구실 문을 닫았지!
탓
텅
좋은 생각이긴 했지만 그래도 너무 위험해요!
그야…
연구실 문이 매우 튼튼해서 그나마 다행이었지.
그래도 이렇게 멀쩡히 살아 있을 거라곤 생각하지 못했지만…

아무튼 살아계셔서 정말 다행이에요!
녀석은 완전히 파괴되었겠지?
폭발이 저기까지 미쳤으니 살아남진 못했을 거예요.
온벽한 신체도 소용이 없었군…
네.
내가 어리석었어. 중요한건 완벽한 몸이나 두뇌 따위가 아닌데.
네, 가장 중요한건 마음이죠… 서로를 위하는 사람다운 마음이요.

어쨌든 이번 일로
자네한테 단단히
신세졌군!
녀석을 멋지게
없애신건 박사님
이잖아요!
이제는 조수가 아니라 파트너로
부르겠어, 이고르. 함께 인류에
도움이 되는 연구를 해 보자구.
네, 좋은 생각이에요,
박사님.
우선은 연구소부터 새로
지어야겠지만 말이야... 끙!
괜찮아요... 천리 길도 한 걸음부터라죠.
끝